LA CIENCIA
CONTRA
EL CRIMEN

LA CIENCIA
CONTRA
EL CRIMEN

Nuria Janire Rámila

nowtilus

Colección: Investigación abierta
www.nowtilus.com

Título: La ciencia contra el crimen
Autor: © Nuria Janire Rámila

© 2010 Ediciones Nowtilus S. L.
Doña Juana I de Castilla 44, 3º C, 28027 Madrid
www.nowtilus.com

Diseño y realización de cubiertas: Ediciones Noufront
Diseño del interior de la colección: JLTV
Fotografía de cubierta: Istockphoto

ISBN 13: 978-84-9763-813-5
Fecha de publicación: marzo 2010

Printed in Spain
Imprime: Graphycems
Depósito legal: NA-240-2010

AGRADECIMIENTOS

Este libro se forjó en un momento muy especial de mi vida. En uno de esos momentos en los que todo lo que te rodea parece tambalearse. En uno de esos momentos en los que lo negativo se convierte en la fuerza que te hace recobrar impulso para dar la vuelta a la situación.

Por ello, agradecimientos a mi familia, a la que quiero con locura y a la que dedico este libro.

Agradecimientos muy especiales a mis amigos Vicky y Javi, por estar siempre presentes, en lo bueno y en lo malo. Agradecimientos también a Marta por su cariño y amistad sincera.

Agradecimientos a la gente de Donosti, más distanciados de lo esperado y querido, pero siempre presentes.

Agradecimientos a la editorial Nowtilus por su confianza en este proyecto.

Y agradecimientos al profesor Garrido, por su prólogo y su trabajo constante en favor de la sociedad.

Todos provocáis que cada día intente ser mejor persona.

ÍNDICE

PRÓLOGO

Este nuevo libro de Nuria Janire Rámila está lleno de atractivos, tanto para el lector curioso e interesado por la criminología, como para los estudiantes de esta ciencia. La razón estriba en que ofrece un breve y muy ameno repaso de los hallazgos de la ciencia forense en la identificación y captura de los criminales, desde el siglo XIX hasta la actualidad, sin olvidar referencias cinematográficas que ayudan a situar el tratamiento que la cultura popular ha dado a las diferentes disciplinas forenses.

La revisión de la historia forense, desde los «Juicios de Dios», hasta los modernos análisis genéticos, nos indica la ardua tarea que ha supuesto encontrar las pruebas que lleven a un culpable ante el banquillo de los acusados.

Esa dificultad no solo procede de los actos que el asesino realiza para evitar ser identificado como el autor del crimen, sino de que el proceso de investigación criminal tiene sus propias reglas y métodos de llevarse a cabo, y un error en esa larga cadena de análisis puede dar lugar a que las pruebas halladas apunten a una dirección errónea (con lo que un inocente puede ser acusado del crimen), o bien, a que sus conclusiones se desmoronen porque no se respetara la pureza y exactitud de los métodos empleados, dando lugar a que la duda se instale sobre la culpabilidad del acusado.

Un ejemplo del primer error es el caso de Tony King, quien antes de ser capturado había dejado tras de sí, además de dos chicas muertas, a una mujer inocente entre rejas (Dolores Vázquez), acusada de haber matado a Rocío Wanninkhof, la hija de su pareja sentimental. Un ejemplo del segundo error es el célebre caso de O. J. Simpson, una ex estrella del fútbol americano, quien se libró de ser considerado culpable de la muerte de su mujer porque las pruebas que lo incriminaban no habían sido convenientemente aisladas para prevenir la contaminación.

Todo este pulso ante la adversidad es palpable en este libro, ya que, junto a los éxitos e hitos notables del desarrollo de las disciplinas de la ciencia forense (perfiles, antropología, dactiloscopia, balística, etc.), la autora alumbra también los fracasos, y señala la inevitable frustración que siempre arrastra la policía ante los casos sin resolver en el último capítulo, donde reflexiona sobre el «crimen perfecto».

En fin, en este libro breve el lector hallará motivos para asombrarse y degustar el avance del ingenio científico, ante los asesinos cuyas obras han quedado marcadas como eslabones por los que la Justicia ha de subir penosamente para no dejarnos desprotegidos. Y aunque nunca parece que ganemos esa partida, vale la pena cada paso que demos en ese sentido, como estas páginas notablemente escritas atestiguan.

Vicente Garrido

Profesor de criminología de la
Universidad de Valencia.

Presentación

Era una fresca mañana de un día cualquiera en un pueblo cualquiera de la Francia del siglo VI. Los habitantes se habían levantado más temprano que de costumbre y ya se arremolinaban en torno a un enorme perol de agua hirviendo.

En medio, dos religiosos de diferentes creencias frente a frente, cada uno a un lado de esa olla que continuaba recibiendo fuego de una hoguera levantada en su base. Ambos se miraban desafiantes, en un intento de infundir miedo a su rival y, ya de paso, de ocultar el suyo propio. No era para menos.

Todo había comenzado unos días antes, cuando los dos religiosos se enzarzaron en una disputa teológica sobre si Cristo y Dios eran lo mismo o si uno era inferior al otro. El diácono católico abogaba por lo primero, mientras que el cura arriano opinaba que el Hijo siempre sería inferior al Padre.

Como la disputa no terminaba y había temor de que se llegara a las manos, se decidió acudir al llamado

«Juicio de Dios». En la Edad Media se conocía con este nombre a los procesos en los que se dejaba a la intercesión divina dirimir la verdad, falsedad, culpabilidad o inocencia de una persona. La idea pasaba por pensar que si Dios lo sabía todo, desde luego debía conocer quién había cometido un delito y también quién estaba en posesión de la verdad sobre un determinado asunto. La forma de manifestarse, al tratarse de Dios, era mediante algún acto sobrenatural. Por eso, a los protagonistas de estos juicios se les sometía a pruebas extremadamente duras, como meter el brazo en agua hirviendo, intentar flotar sobre el agua atados de pies y manos o sostener durante un minuto una barra de hierro al rojo vivo.

Si al cabo de tres días las heridas estaban curadas —lo que sería un milagro— se daba por sentado que Dios había intercedido en su favor declarándole inocente o en posesión de la verdad. Pero si las heridas continuaban ahí, todo transcurría según las leyes naturales y al acusado, además de sufrir con aquella tortura, se le declaraba culpable y sentenciado a un final aún más sangriento.

Y este era el motivo por el que los dos religiosos flanqueaban la olla de agua hirviendo. Uno de los campesinos arrojó un anillo al centro del puchero para que los duelistas, por turnos, lo recogieran con sus brazos desnudos. Cuando el católico se adelantó para introducir su brazo, el arriano percibió que lo había untado en aceite y pidió la nulidad del juicio.

Ambos respiraron aliviados, porque ninguno las tenía todas consigo en eso de escaldarse el brazo para probar sus teorías. Sin embargo, de entre la muchedumbre apareció otro diácono católico que se ofreció a sustituir a su tramposo compañero. Introdujo el brazo en el caldero hirviendo y sacó el anillo. Según las crónicas, parece ser que Dios le dio la razón a él, porque con cierto humor el religioso afirmó que el agua estaba fría en el fondo y tibia en la superficie.

A buen seguro que quien más suspiró de alivio en toda esta historia fue el pobre cura arriano, al pensar qué hubiera sucedido de haber metido él primero su brazo.

Por increíble que pueda parecernos, estos «Juicios de Dios» —también llamados ordalías— sobrevivieron en Europa hasta el año 1817, cuando en Inglaterra se registró la última de estas pruebas.

Por entonces surgía el primer departamento de detectives del mundo, la *Sûreté* francesa, con un antiguo ladrón llamado Eugène Vidocq al frente. Los métodos de Vidocq, basados en la lógica y la razón, sacaron a Europa del oscurantismo en el que había vivido durante los últimos diez siglos en materia de procedimientos penales.

Con él las ordalías fueron sustituidas por los hechos demostrados, como que un marido era imposible que matara a su mujer de un disparo al estar impedido de ambos brazos o que tal hombre fuera el ladrón de una joya porque la huella obtenida en el domicilio de la víctima coincidía plenamente con la de su calzado. Era el triunfo de la prueba como base incriminatoria.

Estos ejemplos, irrisorios en nuestro mundo actual, aportaron a Vidocq fama mundial, inspirando al resto de países para crear sus propios departamentos de policía. No es que el paso fuera sencillo, porque aún deberían superarse muchas incongruencias e injusticias, como la condena automática a un acusado si dos personas testificaban en su contra, la imposibilidad de contar con testigos que rebatieran a los presentados por la acusación o la ejecución de sentencia de muerte, tanto para quien robara una manzana como para quien asesinara a una familia entera.

Afortunadamente, esos tiempos ya pasaron y hoy, cuando se ha cometido un delito, este se investiga y se demuestra por medio de diferentes tipos de pruebas, correspondiendo finalmente a los jueces y tribunales sentenciar, condenar o exonerar a los sospechosos. Esta es la base del procedimiento penal actual. Y es un buen procedimiento.

Un procedimiento en el que la estrella es la prueba, entendida como la certeza clara y manifiesta de la que no se puede dudar. O dicho de otro modo, el triunfo de la razón sobre la superstición.

Esa prueba es el tema de fondo de este libro que ahora tiene entre sus manos. Y digo de fondo porque el papel principal se lo he reservado a la ciencia que trata, precisamente, de buscarlas, catalogarlas y estudiarlas: la criminalística.

El criminalista mexicano Rafael Moreno González la describe como la

> ciencia aplicada que, de acuerdo al ordenamiento jurídico de cada país, estudia científicamente los indicios y evidencias, con objeto de convertirlos en pruebas formales que puedan ser presentadas ante las autoridades judiciales para permitir la identificación de las víctimas y de los delincuentes y esclarecer las circunstancias de un presunto delito.

Una descripción perfecta que puede simplificarse al máximo, asegurando que es aquella ciencia que se ocupa de determinar la forma en la que se cometió un delito y quién lo cometió.

Criminalistas son, por tanto, todos aquellos expertos que luchan porque la verdad salga a flote durante una investigación criminal, desde el fotógrafo que plasma en imágenes la escena del crimen, hasta el biólogo forense que estudia detenidamente una muestra de ADN extraída de una gota minúscula de sangre caída sobre la alfombra de la casa de la víctima.

Y de estos hombres y de las ciencias que dominan, trata este libro. En las siguientes páginas viajaremos por el inquietante mundo de la entomología forense, aprendiendo cómo los insectos también resuelven crímenes; nos adentraremos en el lugar más terrorífico del planeta, la Granja de Cadáveres, un terreno boscoso donde se han diseminado decenas de cuerpos humanos al aire libre para estudiar su proceso de descomposición; compartiremos mesa de autopsias, comprobando que sí que es verdad que los muertos son capaces de hablar al oído de los médicos forenses; sabremos que no solo las balas dejan marcas exclusivas al ser disparadas, también las motosierras y serruchos cuando cortan nuestros huesos al descuartizarnos; nos sorprenderemos al averiguar que algunos ladrones han sido apresados por las huellas que sus orejas dejaron al apoyarse en las puertas de aquellos domicilios que saquearon… También, por supuesto, aprenderemos nociones básicas de criminología, comenzando por los dos primeros capítulos, que conforman juntos una especie de introducción al mundo del crimen donde estudiaremos las diferencias entre *modus operandi* y firma del asesino, más otras nociones básicas que nos ayudarán a comprender mejor los diferentes capítulos del libro.

En definitiva, desvelaremos algunos de los secretos de esos hombres del maletín, de aquellos que han hecho de la investigación criminal su forma de vida, de los que intentan que nuestro mundo sea algo más seguro cada día, de los auténticos CSI.

San Sebastián, 11 de septiembre de 2009.

1

PERFILACIÓN PSICOLÓGICA

Entrando en la mente del asesino

En el otoño de 1888 la victoriana sociedad londinense asistió aterrorizada a las andanzas del que se ha considerado como el primer asesino en serie moderno. Nadie supo su nombre verdadero, pero sí el apelativo que él mismo se adjudicó: Jack el Destripador.

Un apodo acertado, pues sus cinco víctimas —hay autores que consideran que pudieron ser más— sufrieron la amputación de algún miembro y la extracción de vísceras, cuidadosamente colocadas junto a los cuerpos, en un ritual macabro únicamente comprensible para su autor.

De la investigación se encargó en un primer momento el *coroner* Wynne E. Baxter, quien pidió la realización de una de las autopsias al doctor Thomas Bond. A él se debe la primera perfilación criminal de la historia.

> El asesino en su apariencia externa es muy probable que sea de aspecto inofensivo. Un hombre de mediana edad, bien arreglado y de aire respetable. Puede tener el hábito

de llevar capa o abrigo porque, si no, la sangre de sus manos y ropas hubiera llamado la atención a los viandantes.

Este es parte del texto que envió al jefe de la investigación tras examinar los 5 cuerpos y las escenas del crimen dejadas tras de sí por Jack. Jamás se supo si estas conclusiones fueron acertadas, pero iniciaron una nueva vía para la investigación policial, la llamada perfilación criminal o *criminal profiler*.

Básicamente, la técnica de la perfilación criminal consiste en elaborar un esbozo físico y psicológico, lo más aproximado posible, de la persona a la que se está buscando por un determinado delito. Robert K. Ressler, el mayor experto mundial en esta técnica y ex agente del FBI, la define como «la elaboración de un mapa de la mente del asesino». La idea es que si el investigador consigue pensar como él, sentir lo que el asesino siente, será capaz de adelantarse a su próximo movimiento y llegar a capturarle. «Si se entra en la mente de un criminal, se puede entender y predecir su siguiente paso», asegura Ressler.

Y se habla de asesinos porque con este tipo de criminales es con quien mejor parece funcionar la técnica de la perfilación, y en mayor medida con los asesinos en serie. Esto es así por el simple hecho de que el asesino en serie delinque repetidamente y, por medio de esa repetición, es más sencillo ir trazando una pauta, lo que en el argot policial se llama *modus operandi*. Esta explicación queda implícita en la propia definición de un asesino en serie: persona que comete tres o más asesinatos, con un periodo de enfriamiento entre ellos.

Pero no nos embalemos y vayamos con buen paso. Como se ha dicho en la presentación, en este capítulo

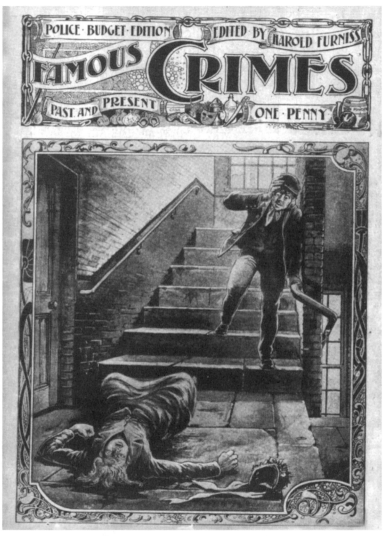

Fascículo de una publicación de comienzos del siglo XX dedicada a los crímenes más famosos de la historia. Buen ejemplo de la fascinación que el mundo del crimen ha ejercido desde siempre en el ser humano.

no solo hablaremos de la perfilación criminal propiamente dicha, sino del abecé de la criminalística, de lo que alguien lego en tal materia debe saber antes de adentrarse en capítulos siguientes. Por ello me perdonarán que mi tono en esta primera parada sea más serio, o académico, si se prefiere. Verán que en los siguientes capítulos todo será más relajado.

MODUS OPERANDI

Por *modus operandi* se comprende el conjunto de acciones realizadas por un asesino, de una forma más o menos repetitiva, para lograr su objetivo de matar y escapar del lugar. Acciones que también pueden aplicarse a un ladrón en serie, a un violador habitual… en definitiva, a cualquiera que delinca de manera repetida.

Sin embargo, este *modus* no es inflexible. Muchos policías han creído hasta ahora que sí lo era, que el asesino, una vez había escogido su forma de matar, no se apartaba de ella, pero se ha demostrado que esa percepción es errónea. En determinados casos los asesinos seriales han ido modificando sus *modus operandi,* adaptándolos a las circunstancias del momento, puliendo, refinando los asesinatos. Incluso han llegado a seleccionar tipos de víctimas diferentes a las originales. Tal procedimiento puede explicarse por una búsqueda de emociones diferentes, experimentación o, simplemente, por mejorar su propia seguridad.

Por ejemplo, David Berkowitz, *el hijo de Sam,* intentó matar a su primera víctima con un cuchillo. Leyendo los periódicos se percató de que ninguno mencionaba la agresión, por lo que dedujo que la mujer había sobrevivido. Entonces decidió alterar su *modus operandi*. Viajó a Texas, se compró una pistola del 44 y acto seguido comenzó su escalada de asesinatos, ya siempre a punta de pistola.

Cuando alguien mata de forma sucesiva, descubre en cada delito nuevos detalles que pueden mostrarse importantes para ocultar mejor el cadáver, exponerse menos a la policía, atenuar o aumentar el dolor de la víctima. Pulen, en definitiva, sus actos. Esto en lo relativo a los asesinos organizados, porque los desorganizados rara vez mejoran en sus ataques, ya que su propia psicología les lleva a ser dejados, descuidados, olvidadizos, torpes.

La distinción entre organizados y desorganizados fue elaborada por los agentes del FBI, John Douglas y Roy Hazelwood. Trabajando sobre escenas de crímenes se percataron de que un tipo de asesinos intentaba dificultar la labor policial ocultando el cadáver, sus huellas, incluso modificando el lugar y los diversos elementos para provocar confusión. Mientras, otra categoría de individuos se despreocupaba de todo esto y simplemente huía de la escena sin pensar en cómo quedaba todo detrás de sí. A los primeros se los llamó organizados y a los segundos, desorganizados. Más tarde se incluiría una tercera categoría, la mixta, relativa a los asesinos que mezclan ambos procederes.

Psiquiátricamente hablando, los organizados se corresponden con la idea clásica del psicópata y los desorganizados con los psicóticos. Es una distinción importante, porque la psicopatía no está considerada como enfermedad, ya que esos individuos saben distin-

Día de clase
en la academia
del FBI en
Quantico,
la mejor escuela
mundial en la
lucha contra
el crimen.

guir en todo momento lo que está mal de lo que está bien. Aunque matan, comprenden que no deberían hacerlo y asumen el riesgo penal que su acción comporta en caso de ser descubiertos. Lo que sucede es que no sienten lo que hacen. Las víctimas no les inspiran lástima, ni compasión, ni remordimientos.

Los psicóticos, en cambio, sí son personas enfermas que suelen actuar inconscientemente. Su nivel de inteligencia es más bien bajo y tienden a aislarse socialmente o, como mucho, a vivir con sus padres.

Hay muchos otros detalles que diferencian a unos de otros, como el cuidado de su aspecto físico, el desempeño de empleos más o menos cualificados, cambios de comportamiento, interés en el seguimiento de sus actos a través de los medios de comunicación... Estas características son excluyentes. Lo que tiene un psicópata no lo tiene un psicótico, hablando en términos estadísticos. Si el primero sabe ser simpático, el segundo ni siquiera se relaciona con sus vecinos; si el psicópata gusta de tener buena presencia, el psicótico vive en permanente deja-dez... y así sucesivamente.

Para encuadrar a un criminal en alguna de estas tres categorías, la policía analiza en profundidad las llamadas «Cuatro fases del crimen». La primera es la etapa que precede al crimen, donde entran los antecedentes del agresor, sus fantasías, los pasos que siguió hasta llegar al momento del asesinato. La segunda comprende al crimen en sí mismo: selección de la víctima, tortura, viola-ción, *modus operandi*. En la tercera se estudia el modo en el que el asesino intenta o no ocultar el cadáver. Y en la cuarta, lo que más interesa es analizar el comporta-miento posterior al acto.

Para muchos policías esa cuarta parte es la más importante y delicada, porque muchos asesinos quieren involucrarse en la investigación mostrando una imagen inofensiva, acudiendo a tretas como hacerse pasar por periodistas, voluntarios en la investigación, familiares de la víctima... Sin embargo, lo que buscan es averiguar con qué pistas cuentan hasta ese momento los investigado-res, recrearse aún más en su «hazaña» o alargar la fantasía que les convirtió en lobos humanos.

Un aspecto diferente al *modus operandi* es la llamada «firma del asesino», compuesta por una serie de acciones que tienen por objeto expresar la identidad del autor. Es una especie de marca dejada para decir «lo hice yo».

La firma es mucho más personal que el *modus operandi*. Llega cuando se ha consumado el delito, sin influir en su realización. Expresa el pensamiento del criminal, es una traslación de su mundo emocional, una forma de exteriorizar sus sentimientos más profundos y secretos.

Escena de un crimen acotada y señaladas las pruebas encontradas con carteles enumerados.

Segundo paso tras el acotamiento de la escena del crimen: su fotografía completa en planos generales y primeros planos de los elementos importantes presentes en la misma.

 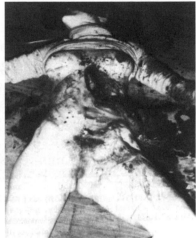

Richard Trenton Chase, ejemplo de criminal psicótico.
Sus crímenes se caracterizaban por una gran violencia y ausencia
de sentido en las escenas.

Algunos deciden dejar cartas junto a las víctimas, como Alfredo Galán *el Asesino de la baraja*, que comenzó a depositar naipes a raíz de que la policía descubriera casualmente al lado de su primera víctima una carta de la baraja española. Otros colocan los cuerpos en posturas grotescas, como el estadounidense Richard Trenton Chase, un psicótico que, además, les introducía excrementos de animales en la boca o en el estómago. Algunos muerden un determinado miembro o les introducen periódicos en la boca. Todo parece valer, con una importante puntualización, que no son actitudes escogidas al azar, sino que en la mente del criminal poseen un significado claro, por mucho que al resto de la humanidad nos pueda parecer una simple aberración.

El perfil del criminal

La iniciativa de elaborar un perfil del asesino que ayudase a su detención surgió de la mente del mencionado Robert K. Ressler y de John Douglas mientras trabajaban como agentes especiales en el FBI (Oficina Federal de Investigación). El FBI ha sido desde su creación un referente en la lucha contra el crimen. En su base central de Quantico (Virginia) se guarda la mayor y más completa base de datos sobre asesinos en serie del mundo. A ello ha ayudado en gran medida la labor de estos dos hombres y su iniciativa de entrevistarse con algunos de los peores criminales de la historia, en un intento de averiguar los motivos que les impulsaron a cometer sus atrocidades y poder utilizar esos datos en casos posteriores buscando posibles patrones comunes. La idea consiste en creer que, si estos individuos piensan de forma parecida entre ellos y nos lo cuentan, podremos adelantarnos a futuros actos criminales al saber cuáles serán sus próximos pasos.

Personajes entrevistados fueron Jeffrey Dahmer, el llamado *carnicero de Milwaukee* y autor de 17 muertes; John Wayne Gacy, quien acabó con la vida de 33 personas mientras trabajaba de payaso para los niños del barrio; o Ted Bundy, autor de 23 asesinatos. Un dato curioso: en este elenco de personajes entró Adolf Hitler, de quien se analizó su mente, escritura, forma de hablar… para prevenir posibles ejemplos futuros.

Pero esas entrevistas no son suficientes. El *profiler* también debe analizar la escena del crimen, la víctima, los resultados de la autopsia y el resto de datos asociados al caso, e incluso la caligrafía en documentos escritos por

Jeffrey Dahmer, uno de los mayores asesinos en serie de Estados Unidos. Urgaba en el cerebro de chicos jóvenes a los que secuestraba previamente, con el afán de convertirlos en esclavos sexuales.

la persona a la que se pretende estudiar. Todo ello le servirá para realizarse una composición del lugar y del criminal. Y por increíble que parezca, el perfilador es capaz de extraer de estos elementos conclusiones muy precisas que, cuando son presentadas, suelen parecernos tremendamente obvias por su sencillez. Algo semejante a cuando nos desvelan el truco de un juego de magia que nos maravilló e intrigó durante años.

El 3 de noviembre de 1994 apareció flotando en la bahía de Yokohama una bolsa de basura de plástico blanco. En su interior, el cuerpo de una mujer adulta, muerta desde hacía varios días. Se trataba de la esposa de Iwao Nomoto, médico japonés de 31 años, quien había denunciado su desaparición y la de sus dos hijos ese mismo día. El 7 de noviembre apareció otra bolsa en la misma bahía, con el cuerpo de su hija de dos años, y el día 11, el cadáver de su hijo de un año en idénticas circunstancias. Los tres habían muerto estrangulados, atados con cuerdas de distintos colores y arrojados a las

John Wayne Gacy, prototipo del psicópata asesino. Tras su faceta de modélico vecino y de payaso para los niños se escondía un feroz asesino de mujeres.

aguas con lastres en el interior de las bolsas. Fueron los gases de la putrefacción los que provocaron su salida a la superficie.

La sociedad japonesa se encontraba estupefacta por estos crímenes, ya que allí es raro que ocurran asesinatos. Robert Ressler, por aquel entonces ya retirado como agente en activo del FBI, fue invitado a intervenir en un programa especial de televisión, donde se le propuso realizar en directo un perfil del posible criminal basándose en los datos recogidos. Y lo hizo.

> El asesino tenía un enorme interés en sacar los cadáveres del lugar del crimen. No quería que la policía los encontrase y los arrojó al agua. Los tres estaban en el mismo lugar, así que quería deshacerse rápidamente de ellos. La manera de atarlos con cuerdas de colores, siguiendo el mismo orden, indica que se trata de una persona organizada. Los cuerpos no tenían heridas, así que ninguno de ellos se enteró de la muerte del resto, ya que hubiera habido forcejeo. Los cuerpos fueron arrojados vestidos en bolsas lastradas cuando pudo haberlos arrojado sin ella, lo que indica que el criminal los conocía. No

quería que los encontrasen desnudos. Esto significa
cierta consideración. No es probable que quisiera matar
a los niños, ya que no eran un estorbo para asesinar a la
madre. Al asesino le preocupaba que esos niños crecieran sin madre y por eso pudo haberlos matado.

Al día siguiente a la emisión de la entrevista, el
doctor Nomoto confesó ser el autor de los tres asesinatos. En su declaración el asesino aseguró haber matado a
sus hijos porque no deseaba que crecieran sin una madre
y con un padre en prisión.

Rober K. Ressler había acertado de lleno. No fue
fruto de la casualidad, sino de largos años de experiencia
intentando entrar en el cerebro del criminal. Años trabajando una mente analítica capaz de sopesar el más nimio
detalle.

Ressler es quizá el perfilador más famoso del mundo, pero no el único. Todos los años el FBI enseña a sus
reclutas las técnicas de la perfilación criminal.

De ello se encargan los integrantes de la antigua
Unidad de Ciencias del Comportamiento, hoy rebauti-
zada Unidad de Apoyo Investigativo (BSU). Esta unidad
nació en 1974 bajo la supervisión de los agentes especiales Howard Teten y Pat Mullany. De ahí han salido los
mejores perfiladores criminales. Y tanta es su pericia,
que han sido capaces de crear un manual en el que se
describen las diversas tipologías de asesinos, creando de
esta forma una nueva pseudociencia. En la academia del
FBI se les enseña sobre todo a despertar su lado crítico y
racional, las auténticas bases de esta metodología.

El agente debe aprender a extraer todos los datos
posibles de la escena del crimen y del cadáver, por medio
de la observación y la deducción. Para ello se les lleva a

auténticos escenarios criminales y se les inculcan teorías y principios criminológicos como el de Edmond Locard, el cual dicta que cuando una persona entra en contacto con un medio, algo de él queda en el lugar y algo del lugar queda en su persona. Lo mismo que caminar por la playa, cuando, con toda seguridad, se nos quedarán granos de arena en los pies y, a su vez, nosotros dejaremos huellas en esa misma arena.

Este principio puede aplicarse a las huellas físicas y, lo que es más sorprendente, también a las psicológicas, porque la escena de un crimen, y principalmente un cadáver, aporta muchos datos sobre la personalidad del criminal. La mera elección de la forma de matar ya es reveladora de su grado de violencia social y de su cercanía con la víctima, la temeridad o seguridad con la que actuó demostrará su capacidad de riesgo y de autocontrol… y así sucesivamente. Matar con un cuchillo lleva aparejado unas implicaciones diferentes a si se hizo con un arma de fuego. Seguramente se trate de una persona más fuerte, con más desprecio hacia el riesgo y una mayor sangre fría que aquel que dispare una pistola o un fusil. En resumidas cuentas, el asesino impregna la escena del crimen con su personalidad.

Pero no todo es tan sencillo. Muchas veces los asesinos —sobre todo si son organizados— intentan borrar las huellas que puedan llegar a delatarles, actitud que recibe el nombre de «conciencia forense».

En los años 70 dos niños aparecieron asesinados en un intervalo de varias semanas en los alrededores de una base militar norteamericana. Sus cuerpos aún se encontraban atados y el segundo de ellos presentaba mutilaciones en varias extremidades. El *profiler* consultado

Edmond Locard, impulsor del célebre principio del mismo nombre que habla sobre el traspaso de cualidades entre un espacio y una persona.

sospechaba que el asesino había mordido en un arrebato sexual los cuerpos, por las extrañas heridas que presentaban los cadáveres y porque era habitual en delitos de esas características. De ser cierto constituía una oportunidad genial para extraer posibles restos de ADN del asesino en las heridas o realizar un molde de su dentadura. Sin embargo, nada de ello fue posible porque el criminal cortaba la carne donde, presumiblemente, debían estar sus huellas dentales. Cuando se detuvo al autor —un soldado de la base militar— se supo que, efectivamente, rebanaba con un cuchillo la carne de los pobres muchachos tras morderles, sabedor de que el FBI podría dar con él si analizaban los historiales dentales de la base.

El buen perfilador puede llegar a conocer —tras realizar un examen minucioso de la escena y de la víctima— el sexo, la edad, los antecedentes personales y familiares, las fantasías, deseos y frustraciones de la persona a la que intenta atrapar. E, incluso, la forma que tiene de vestir y su aspecto físico.

Célebre es el caso de George Metesky, el loco de las bombas o *Mad Bomber*, quien aterrorizó entre 1940-1956 a los habitantes de New York, colocando sucesivamente bombas caseras en diferentes lugares. En 1956 el doctor James A. Brussel, psiquiatra consultor del sistema de salud mental de la ciudad, realizó un perfil psicológico sobre la persona que buscaba la policía. En su informe habló de un hombre «soltero, de entre 40 y 50 años, mecánico hábil, eslavo y religioso…» e incluso dijo que cuando se le detuviera tendría una camisa de doble pechera abotonada. Dicho y hecho, cuando *Mad Bomber* fue detenido en 1957 llevaba una camisa de doble pechera abotonada. El resto de datos aportados por el doctor Brussel también se correspondieron con la realidad. Brussel tan solo había racionalizado los datos presentados. Si son bombas caseras significa que el hombre que las creó es habilidoso y que tiene acceso a elementos electrónicos; si necesita tiempo para confeccionarlas significa que dispone de un lugar exclusivo para él, ajeno a miradas indiscretas o que no tiene familia…

Ejemplos como este han provocado en muchas ocasiones la sensación de que la perfilación criminal es una ciencia exacta, un método infalible con el que cuentan los investigadores para atrapar al criminal. Nada más lejos de la realidad.

Hoy día esta técnica aún se encuentra en periodo de prueba. Tan solo en Estados Unidos goza de una fuerte implantación y, aun así, no se utiliza en todos los casos policiales. Sus inconvenientes residen en que un solo fallo del perfilador en su informe puede llevar a la policía a buscar en la dirección equivocada, con el riesgo de

George Metesky en prisión, más conocido como *Mad Bomber*.

que el criminal cometa un nuevo asesinato y que un inocente acabe siendo enjuiciado. Por eso mismo el FBI es muy exigente a la hora de seleccionar a los futuros aspirantes a *profiler*.

Es requisito obligatorio que sean personas de entre 30 y 45 años, con intuición, capaces de separar sus sentimientos personales de los que genera un crimen, con pensamiento analítico y estabilidad emocional y psicológica. Además, se valora mucho que posean conocimientos en psicología o psiquiatría, pero, paradójicamente, no se quiere que los profesionales de la salud mental entren a realizar perfiles criminales sin ser miembros de la policía o del FBI.

Fuera de esos países anglosajones sus actuaciones deben contarse con cuentagotas. En España está el antecedente de la detención de Joaquín Ferrándiz Ventura, quien entre 1995 y 1996 asesinó a 5 mujeres en la provincia de Castellón. La Guardia Civil tenía muy avanzada la investigación, hasta el punto de haber seleccionado a dos sospechosos, pero era incapaz de decantarse por uno u otro. Por eso se pidió al juez José Luis Albiñana permiso para buscar a una persona con amplia experiencia en la conducta criminal y que elaborara un perfil del posible asesino. El seleccionado fue el psicólogo y criminólogo Vicente Garrido Genovés, profesor de la Universidad de Valencia, autor de incontables libros sobre el mundo de la criminalidad como *El psicópata, Amores que matan* o *Cara a cara con el psicópata* y también del prólogo de este libro.

Al presentársele los datos y fotografías del caso, el profesor Garrido realizó su perfil criminal.

> Varón, joven (25-35 años). Sus relaciones interpersonales serán muy deficientes, por lo que probablemente será soltero o divorciado. Vive en Castellón o lugar muy próximo. Dispone de vehículo. Es probable que tenga antecedentes penales por delitos de conducción temeraria, y violentos...

Meses después Joaquín Ferrándiz fue detenido. Hasta la fecha es el único caso reconocido oficialmente en el que se haya utilizado un perfil criminal en España. Quizá en el futuro esta arma policial tenga la misma implantación que en los países anglosajones, pero de momento...

Sus defensores afirman que debe verse como una herramienta más en manos del investigador, no como la solución definitiva. «Un perfilador sin los conocimientos adecuados puede hacer mucho daño y llevar a la policía a no confiar más en su labor», afirma el profesor Garrido. Por ello, la posición mayoritaria en el mundo es la del recelo y la expectación por ver de qué forma puede ir perfeccionándose y eliminando los inconvenientes que presenta. Porque incluso diferentes perfiladores pueden emitir dictámenes contrarios sobre un mismo caso.

Un buen ejemplo de esta contrariedad lo encontramos nuevamente en el caso de Jack el Destripador. Como se ha dicho, el forense Thomas Bond llegó a la conclusión hace 120 años de que este asesino podría pertenecer a una clase social alta. Bien, en el 2002 Robert Ressler visitó los lugares en los que actuó el asesino y su conclusión difiere de la de su predecesor. Para Ressler, la policía buscó en el sendero equivocado al pensar en alguien de la clase alta.

> Los lugares que frecuentaba y las circunstancias que rodeaban a los crímenes dan a entender que el autor pertenecía a la misma clase social que sus víctimas. De otra forma, los vecinos hubiesen comentado su presencia en la zona. Además, se trataba de alguien tremendamente desorganizado. Es probable que tocara fondo volviéndose loco en esas fechas, por lo que acabaría suicidándose o internado en un manicomio, lo que explicaría el cese de los crímenes y que jamás fuese capturado.

Otra idea errónea es pensar que esta técnica únicamente resulta efectiva en casos de psicópatas asesinos. No es así, aunque los ejemplos mayormente citados se correspondan con este tipo de criminales. Ello se debe al hecho anteriormente mencionado de que, cuantos más crímenes cometa una persona, más fácil será seguir su pista y aprender de su conducta. Así de simple y así de terrorífico. La psicopatía está bien descrita en el *Manual diagnóstico y estadístico de los trastornos mentales,* la auténtica biblia para los profesionales de las enfermedades mentales.

En este libro se califica a los psicópatas como personas crueles, manipuladoras, agresivas, sin sentimientos, con ausencia de remordimientos, irresponsables, orgullosos, egoístas, hedonistas... Y así es en realidad, aunque con la salvedad de que no todas las características se cumplen siempre. Tan solo la ausencia de remordimientos y la incapacidad de sentir el dolor ajeno son constantes.

Esto es, precisamente, lo que convierte al psicópata en un ser temible, porque una vez que está decidido a matar, nada le parará, ni los gritos de las víctimas, ni las súplicas o el llanto.

Siente un desprecio total por la vida humana, a excepción de la suya propia. Lo curioso es que diferencia perfectamente el bien del mal. Cuando asesina, es plenamente consciente de que está transgrediendo una regla moral y penal; pero en ningún caso lo ve como una barrera insalvable.

Hasta el momento se desconocen los mecanismos por los que un cerebro humano se moldea con estos planteamientos. Una teoría habla de infancias traumáticas, con malos tratos, abandono y falta de cariño. Pero millones de niños en países del Tercer Mundo, y en el nuestro propio, tienen esas mismas infancias y no por ello acaban convertidos en psicópatas.

Robert Ressler, desde su posición privilegiada de investigador de la mente criminal, ahonda en esta visión asegurando que la constante principal en los asesinos seriales es la falta de amor materno en la niñez. Como ya se ha comentado Ressler recorrió los Estados Unidos durante los años 80 y 90 entrevistándose con los peores criminales de la historia del país y llegó a la conclusión de que todos habían padecido maltrato psicológico grave en la infancia y que ninguno fue capaz de mantener una relación madura y consentida con otra persona adulta.

«Sus madres se caracterizaron por ser frías, distantes, negligentes y nada cariñosas hacia sus hijos, en un momento en el que un ser humano normal es mimado», dijo.

Además, ninguno tuvo en su entorno una figura fuerte en la que basarse, alguien que guiara sus conductas y les enseñara a distinguir lo que estaba bien de lo que estaba mal. Al contrario, sus padres solo les reprendían cuando maltrataban a los animales o incordiaban a los vecinos, pero no les preguntaban por sus actos ni les preguntaban por sus sentimientos. El resultado fue que estos niños se educaron sin calor afectivo y sin trabas a sus instintos violentos. Una carencia de amor que tampoco sentirían hacia los demás en la etapa adulta.

Desgraciadamente, también existen ejemplos para rebatir esta tesis. Uno de ellos lo encontramos en Gilberto Chamba, *el Monstruo de Machala,* quien aseguró haber disfrutado de una adolescencia más o menos feliz, arropado por el cariño de su familia, antes de terminar asesinando en su etapa adulta a unas 10 mujeres, demostrando, por tanto, que en la formación de la psicopatía influyen más factores.

Otra teoría apunta hacia el componente genético. Estudios realizados mediante tomografías cerebrales han demostrado que el lóbulo frontal de un psicópata es menos activo que el de alguien normal. Precisamente la región del cerebro donde se registran las inhibiciones y represiones que nos impiden matar y cometer otros actos violentos.

Una buena explicación para comprender por qué no muestran los remordimientos inherentes a casi todos los seres humanos. Porque, aunque en los juicios, en las declaraciones a la prensa o en sus cartas afirmen sentirse arrepentidos, solo es una estrategia para evadir la pena de cárcel y el escarnio popular. Mienten siempre, mienten estando en libertad, cuando son capturados y ya en la cárcel. Afirmarán sentirse arrepentidos, con deseos de reparar el daño causado... Artimañas para que se les permita salir de prisión. Una vez fuera, las estadísticas dictan que volverán a matar.

Relativo a la teoría genética, también se barajan como causas de la psicopatía el bajo nivel de serotonina, nacer bajo condiciones fetal-alcohólicas o poseer más testosterona de la normal.

La serotonina es un neurotransmisor natural, cuya función pasa por regular la excitación, la actividad sexual, los estados de ánimo, la agresividad y el control de los impulsos. En bajas cantidades el resultado es un ser violento, incapaz de dominar sus instintos primarios y con bruscas alteraciones anímicas. Es una hipótesis interesante que no puede aplicarse a todos los psicópatas, porque muchos de ellos poseen índices normales de serotonina y porque no todos los que carecen de la suficiente acaban convirtiéndose en asesinos.

Lo mismo sucede con la testosterona, aunque bien es cierto que el doctor James M. Dabbs demostró, tras estudiar a 44 462 hombres, que los autores de crímenes violentos fueron quienes poseían los valores de testoste-rona más altos.

Lo único claro es que el psicópata es un ser incapaz de amar, de sentir pena o tristeza por sus víctimas. Esos sentimientos solo los utilizan cuando quieren conseguir un fin que satisfaga su propia necesidad. Tal es su grado de egoísmo, manipulación y frialdad. A modo de resumen basta citar la definición que del psicópata hace el profesor José Sanmartín, director del Centro Reina Sofía para el Estudio de la Violencia:

> No es un enfermo mental. Sabe lo que hace. Lo que pasa es que no siente lo que hace. Su toma de decisiones es fría, sin sentimientos ni remordimientos. Su comportamiento cuando mata no es humano. En realidad, mata como un depredador que elimina a una presa de una especie distinta.

Es por todo lo comentado que el cine y la literatura se han interesado de un tiempo a esta parte en la labor de los perfiladores criminales, presentándolos casi siempre como una especie de superhéroes a los que no les afecta la presión ni la crueldad de las escenas que deben visualizar casi a diario.

La única verdad es que la suya es una tarea realmente ingrata, siendo personas que deben luchar constantemente contra monstruos humanos, contra las reticencias de sus propios compañeros y también contra el reloj y contra ellos mismos, contra sus emociones y sentimientos.

Elaborar un perfil criminal exige una gran responsabilidad y profesionalidad. Si pensamos que basta con equivocarse en algún dato para que se produzcan nuevas muertes, nos daremos cuenta de la enorme presión a la que están sometidas estas personas. Por ello, esta técnica no se debe ver como un recurso infalible u otorgarle más importancia de la que realmente posee.

Quizá sea el tiempo y el trabajo continuo de los especialistas los que conviertan a esta técnica en la principal arma de las fuerzas de seguridad en su lucha contra el crimen, pero de momento no es así.

Aquí reside su grandeza y su tragedia.

LA PERFILACIÓN CRIMINAL EN EL CINE

El mundo del cine se ha convertido en un escaparate perfecto para reflejar la labor de los perfiladores criminales. Sin duda alguna, la película que abrió las puertas al conocimiento de estos profesionales fue *El silencio de los corderos* (Jonathan Demme, 1991). Su argumento era simple pero efectivo: un asesino en serie que ayuda al FBI a localizar a otro «compañero de fechorías», guiándoles por la intrincada mente de los criminales. La cinta fue un auténtico éxito de taquilla, destacando para lo que nos interesa el papel protagonizado por Jodie Foster, una joven aprendiz de la Unidad de Ciencias del Comportamiento y aspirante a perfiladora criminal. La curiosidad reside en que el interior de dicha unidad se recreó al milímetro para el filme.

Desde entonces otras historias siguieron su estela para crear sus perfiladores propios. Una de las más destacables, por lo creíble de los personajes y lo bien narrado de los acontecimientos, fue *Ciudadano X* (Chris Gerolmo, 1995), reviviendo la historia real de Andrei

La película que permitió conocer la labor de los perfiladores criminales fue *El silencio de los corderos*. Por otro lado, en *El coleccionista de huesos* se contó con el asesoramiento de Robert Ressler.

Chikatilo, el asesino en serie de Rostov, autor de más de 50 muertes de niños en la ex Unión Soviética.

El coleccionista de huesos (Phillip Noyce, 1999) o *Copycat* (Jon Amiel, 1995), donde se contó con el asesoramiento del propio Robert Ressler y que refleja el fanatismo y el fervor que profesan algunos criminales seriales entre adolescentes, también son buenas recomendaciones. Sin olvidarme de las andanzas de otro *profiler*, el doctor Alex Cross, personaje ficticio creado en la mente del novelista James Patterson y que ya cuenta con dos adaptaciones cinematográficas: *El coleccionista de amantes* (Gary Flader, 1997) y *La hora de la araña* (Lee Tamahori, 2001).

En cuanto a series televisivas, la norteamericana *Profiler* es la que más directamente se ha inspirado en la figura del perfilador criminal y la que mejor refleja su papel entre las policías de Estados Unidos; sin desmerecer a otras como *Mentes criminales*, *El mentalista* o *The*

Closer. Cada una de ellas, con sus características propias, es un intento muy personal de revitalizar la figura de este profesional para evitar caer en la repetición.

Parece ser que la perfilación criminal goza de buena vida cinematográfica y que aún deberemos asistir a varios estrenos futuros en este sentido.

2

PERFILACIÓN GEOGRÁFICA

¿Dónde te escondes, hermano?

Siguiendo con esta especie de introducción hacia el mundo de la criminalística, llega el momento de hablar de la perfilación geográfica, semejante en nombre a la perfilación psicológica, pero bastante diferente en la práctica.

Como ya hemos comentado, la perfilación psicológica goza de una gran implantación en Estados Unidos y otros países de corte anglosajón como Inglaterra o las naciones nórdicas. En el resto de países se emplea un modelo de perfilación algo diferente basado en el entorno, en los espacios utilizados por el criminal para cometer sus actos. Es lo que se ha venido en denominar perfilación geográfica.

Y tantas son sus diferencias, y tan extendido su uso, que algunos ya hablan de una escuela europea, en contraposición a la norteamericana, basada en las ya descritas entrevistas a los criminales con las que elaborar perfiles psicológicos que ayuden a la captura de delincuentes futuros.

Pero, mejor, vayamos por partes.

La idea central de la perfilación geográfica consiste en intentar averiguar, no cómo puede ser el autor de un crimen, sino dónde puede estar viviendo. Esta es la premisa básica, porque, como veremos, este método también sirve para localizar un cadáver o averiguar en qué zona cometerá un asesino o violador serial su próximo delito.

Su máximo impulsor es David Canter, psicólogo ambiental y profesor en la Universidad de Liverpool, donde dirige el Centro de Psicología Investigadora. La figura de Canter se hizo mundialmente famosa en la década de los 80, gracias a su participación en un caso que traía de cabeza a las autoridades de Scotland Yard.

La historia se inicia en 1982, cuando en la zona norte de Londres un hombre siembra el pánico después de haberse descubierto los cuerpos sin vida de varias mujeres violadas previamente. El asesino las sorprendía siempre de noche, en estaciones de ferrocarril solitarias o en sus proximidades mientras aguardaban la llegada del tren, lo que le valió el sobrenombre de *el Violador del ferrocarril*.

Por los análisis en las escenas de los crímenes y las autopsias practicadas a las víctimas, se supo que todas eran chicas jóvenes, de entre quince y diecinueve años de edad, asfixiadas mediante un torniquete atado al cuello y elaborado con un palo y una cuerda.

Aunque el asesino intentó en más de una ocasión limpiar las escenas de los crímenes de posibles huellas y restos —conciencia forense—, los agentes lograron recoger muestras de su semen e, incluso, huellas dactilares. Aun así, nada concluyente, porque como veremos en

El profesor inglés y padre de la perfilación geográfica,
David Canter.

otro capítulo, para que las huellas dactilares lleven a una pronta detención, antes debe haber un registro de las mismas en los archivos policiales, lo que solamente sucede si el agresor posee antecedentes penales.

No fue este el caso y Scotland Yard fue introduciéndose en un callejón cada vez más oscuro. Sí tenían, en cambio, el testimonio de una superviviente, aunque resultó ser excesivamente vago como para ser concluyente, exceptuando la mención de unos ojos penetrantes calificados como «de láser».

La paciencia de los dirigentes de Scotland Yard ante los escasos avances de la investigación estalló la noche de 1985, en la que el misterioso asesino atacó a tres mujeres. Así fue cómo decidieron acudir al despacho de David Canter, por aquel entonces un catedrático de psicología en la Universidad de Liverpool, impulsor de un revolucionario programa de investigación criminal.

Con las declaraciones de testigos y los informes de los escenarios de los crímenes y de los emplazamientos donde se cometieron las agresiones, el profesor Canter elaboró un perfil psicológico y otro geográfico del asesino. Entre sus conclusiones más sorprendentes estaba la capacidad de predecir la zona en la que vivía el hombre buscado, en Kilburn-Cricklewood, al noroeste de Londres.

La policía cotejó este dato con los de los cerca del millar de posibles sospechosos y el ordenador resaltó el nombre de John Duffy, varón adulto, de 1,65 metros de estatura que aún vivía con su madre. Cuando los agentes acudieron a la casa, encontraron en su habitación suficientes pruebas como para detenerle y encausarle por dos asesinatos y cuatro violaciones. Un juez lo sentenció a treinta años de prisión.

Canter había acertado sin discusión alguna. Pero ¿cómo lo consiguió?

La premisa fundamental de David Canter es que un asesino en serie actúa en un lugar y en un momento determinado del día, no escogidos al azar, sino seleccionados previamente por tener para él un significado especial. La mención de algo que parece tan obvio se convirtió en toda una revolución allá a mediados de los 80, desarrollándose una auténtica escuela de pensamiento con este nuevo enfoque como premisa fundamental.

Gracias a los esfuerzos de diversos investigadores y al perfeccionamiento de sus ideas, Canter creó el programa informático Dragnet, palabra que en el argot policial viene a significar «emboscada» o «captura».

La finalidad de Dragnet es descubrir la guarida del asesino o el lugar en el que trabaja, el denominado «punto de anclaje», por ser este el centro desde el que el agresor parte para cometer sus crímenes. Para obtener esta información deben insertarse en el programa una serie de datos, tales como el punto exacto de cada escena del crimen, los lugares en los que se ha visto al agresor, dónde ha cometido todos sus ataques… Seguidamente, y a través de complejos cálculos, el ordenador nos dará el emplazamiento más factible a la residencia buscada.

Pero, si no somos capaces de manejar este programa informático, existe una alternativa más sencilla y que la experiencia ha probado como altamente fiable en sus conclusiones: la llamada hipótesis del círculo.

Básicamente consiste en marcar sobre un mapa los escenarios de los crímenes relativos a la persona que se está persiguiendo. Después debemos tomar como diámetro los dos lugares que estén más alejados el uno del otro. Con ese diámetro trazamos un círculo que abarque todas las localizaciones señaladas, y el punto central del mismo se corresponderá con la zona donde deberemos buscar la residencia o lugar de trabajo del criminal.

Para que se formen una idea gráfica de esta hipótesis, incluimos en este capítulo un mapa con los puntos donde se encontraron todas las víctimas de Jack el Destripador en el otoño de 1888. Ahora cojan un lápiz y tracen un círculo estableciendo como diámetro la distancia entre los dos puntos señalados más lejanos entre sí —Mitre Square y Buck's Row—. Ya solo les quedará atender al centro del círculo para averiguar, según la hipótesis del círculo de Canter, la zona donde posiblemente viviría el mismísimo Jack el Destripador. Según sus estudios empíricos, este método es efectivo en el 80 % de los casos de violadores seriales.

Para este profesor británico, cada crimen es una historia, una narración que nos va relatando el criminal con cada nueva muerte o violación o secuestro... Si el investigador es capaz de comprender esa historia, entonces estará muy cerca de averiguar cómo piensa el delincuente y podrá adelantarse a su próximo zarpazo. En este pensamiento, cada movimiento, cada actitud, la elección de la víctima, el lugar de la agresión, el *modus operandi*... puede tener una importancia capital.

Tal idea se relaciona con el llamado rastro de comportamiento, definido por el profesor Vicente Garrido como «toda acción realizada por el criminal que se concreta en un modo determinado de preparar y ejecutar el crimen». Porque como ya se ha comentado, cuando interactuamos con alguien o con algún lugar concreto, no dejamos únicamente rastros físicos de

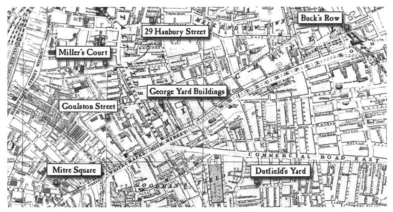

Mapa con el emplazamiento de las víctimas de Jack el Destripador.

nuestro paso, también rastros psicológicos que pueden y deben ser correctamente identificados y clasificados.

Hasta el momento, Canter ha elaborado para las diferentes fuerzas policiales más de 150 perfiles. Para diseñarlos, el británico relaciona al hombre buscado con cinco enfoques distintos basados en la psicología:

1. Coherencia interpersonal: Canter cree que los criminales seleccionan a víctimas que poseen alguna característica común a personas importantes para ellos.

2. Importancia del tiempo y del lugar: bien estudiados dirán mucho del agresor. Por ejemplo, si está ocupado o en paro, cuáles son sus momentos libres, qué tipo de trabajo desempeña, si posee familia o no…

3. Características criminales: no es sino establecer las notas más distintivas de la personalidad del criminal, si es dejado o meticuloso, violento, paciente o impaciente, inteligente o caótico… Aunque lo parezca, estas divisiones no deben relacionarse con la clasificación que el FBI realiza entre asesinos organizados y desorganizados, ya que la mayor parte de los perfiladores geográficos, Canter entre ellos, critica esa distinción acusándola de confusa, al pensar que la inmensa mayoría de los criminales pertenecen al grupo mixto.

4. La carrera criminal: es buscar antecedentes criminales, descubrir si el asesino o el violador ya actuó con anterioridad y cometiendo qué tipo de delito. La experiencia ha demostrado que el asesinato o la violación consumada suelen ser el culmen a otros delitos perpetrados anteriormente, como robos o agresiones. También es muy posible que existan tentativas previas de violación en el caso de los violadores o de asesinato en el de los asesinos.

Ambos tipos de delito son efectos directos de las fantasías del propio criminal. Primero fantasea con imágenes de muerte, dolor o dominación y, cuando ya no puede resistirse más, intenta convertirlas en realidad. Esta época de fantaseo puede comenzar varios años antes del primer crimen y en criminología se la conoce como el «periodo de ensayo de los asesinatos».

El nombre llega porque durante esta etapa es común que el futuro agresor realice algunos actos que luego conformarán su *modus operandi*. Es una manera de experimentar, de buscar los pasos más adecuados para alcanzar su objetivo final, cuáles debe pulir y cuáles desechar.

Estas tentativas son fácilmente observables en la escena de un crimen, atendiendo a los pasos que siguió el criminal, observando sus aciertos y equivocaciones. Tan sencillo como pensar que es la experiencia la que nos lleva a la perfección o al éxito en todas las facetas de la vida. Y la delictiva no iba a ser diferente.

5. **Conciencia forense:** se relaciona con el punto anterior. Consiste en averiguar de qué forma el criminal ha intentado ocultar sus huellas o entorpecer la actuación policial modificando el escenario a su antojo. Por ejemplo, haciendo creer que hubo un accidente mortal donde realmente se produjo un asesinato.

Lo que Canter trata de conseguir con su metodología de trabajo es descubrir un método científico y fiable que sirva para ser aplicado a todas las investigaciones. La gran diferencia respecto a la escuela del FBI reside en que dentro de la perfilación geográfica todo se basa en la inducción, al partir de unos datos previos que serán aplicados a cada suceso; mientras que los norteamericanos recurren a la deducción, estudiando las escenas de los crímenes por separado y extrayendo conclusiones respecto a ese suceso en particular.

Aun así, ambos métodos persiguen el mismo fin: averiguar la conducta, personalidad, características físicas y, en el caso de la perfilación geográfica, el domicilio del agresor.

LA CLASIFICACIÓN DE ROSSMO

La primera vez que se aplicó el uso de las localizaciones para predecir puntos de anclaje fue en 1854, cuando el doctor John Snow se propuso descubrir el origen de la epidemia de cólera que estaba asolando Londres.

Londres durante la epidemia de cólera que en 1854 arrasó la
ciudad por un suministro de agua en mal estado.

En un mapa de la ciudad fue señalando la localización de todas las muertes registradas hasta entonces,
descubriendo que existía una mayor concentración de
cólera en la zona abastecida por una compañía que obte-
nía el caudal de agua en la parte sur.

Con esa información, solo restaba descubrir en qué
lugar exacto de la red el agua se había contaminado.
Aplicando el mismo recurso del mapa y los puntos,
percibió que cerca de la intersección entre Cambridge
Street y Broad Street se habían producido 500 muertes
en un periodo de diez días, cifra demasiado elevada para
tan poco tiempo.

Quedaba patente que ese era el foco de la infección.
Por recomendación del doctor Snow las autoridades
cortaron el suministro de agua corriente al barrio señalado, conteniéndose la epidemia y salvando miles de
vidas.

Pese a este éxito, aún deberían transcurrir más de
cien años para que la perfilación geográfica experimentara

otro importante avance. Llegó en 1981, con el ya desaparecido doctor y biólogo forense británico Stuart Kind.

Nos encontramos en la época de los asesinatos en serie del *destripador de Yorkshire*, esta vez en la localidad inglesa de Leeds. La entrada del doctor Kind en la investigación se debió a una petición de ayuda por parte de Scotland Yard, presionada desde todos los ámbitos para que desentrañara inmediatamente la identidad del misterioso y sádico criminal.

En 1981 aún no se sabía nada de perfiles criminales, y mucho menos de los geográficos, pero el doctor Kind tuvo la ocurrencia de aplicar sus nociones de cartógrafo, aprendidas durante la Segunda Guerra Mundial como experto en navegación aérea dentro de la British Royal Air Force.

Kind anotó las fechas y horas de las agresiones cometidas por el Destripador en sus cinco años de andadura, trece mujeres muertas hasta el momento. Descubrió que el asesino buscaba la oscuridad para encubrir sus crímenes, intentando siempre confundir a la policía sobre su lugar de residencia. Pero no solo eso, también dedujo que el criminal necesitaba abandonar la escena del crimen lo antes posible para regresar a su casa la misma noche sin despertar sospechas, por lo que era altamente probable que cuanto más temprano se produjera el asesinato, más lejos se encontrara de su casa.

Con estas premisas utilizó el ordenador del Centro de Investigación del Ministerio del Interior y comunicó a los policías que el hombre al que buscaban residía, seguramente, en algún punto situado entre las ciudades de Shipley y Bingley, en West Yorkshire.

Scotland Yard investigó a todos los sospechosos de la zona señalada hasta dar con un camionero llamado Peter Sutcliffe, que vivía a medio camino de las dos ciudades sugeridas. Por las pruebas halladas en su casa y en el camión, Sutcliffe fue detenido, juzgado, declarado culpable de asesinato y condenado a cadena perpetua, aunque posteriormente le fue certificada una demencia que le recluyó de por vida en el hospital mental de Broadmoor.

El éxito del doctor Kind sirvió de acicate para que otros muchos investigadores, como el citado David Canter, siguieran su senda. Entre ellos destacan los doctores Brantingham, quienes ya venían estudiando desde hacía algunos años lo que ellos bautizaron como criminología ambiental.

Al igual que Canter, también los Brantingham partían de la premisa de que las escenas de los crímenes dicen mucho sobre el domicilio del agresor, con la salvedad de que ellos creían que esa escena no era escogida por motivos geográficos concretos, sino por oportunidad, idoneidad o necesidad.

A través de una serie de estudios, ambos doctores concluyeron que los criminales tienden a delinquir dentro de un espacio delimitado por una distancia máxima y otra mínima de su lugar de residencia. Ni tan lejos como para no asegurarse la huida, ni tan cerca como para comprometer su guarida. Algo así como si el propio criminal se fijara unos límites geográficos propios, a partir de los cuales se autoprohibiese actuar. Una línea divisoria pintada en el asfalto que nunca podrá traspasar para delinquir.

Está demostrado que la mayoría de ellos comienzan a delinquir en la llamada zona de confort, un espacio

Peter Sutcliffe, *el destripador de Yorkshire*. Fue la primera vez que la perfilación geográfica mostraba su efectividad en la lucha contra el crimen.

cercano a su casa o lugar de trabajo que les dé seguridad por resultarles familiar. Así, nada más actuar pueden cobijarse rápidamente y aguardar a que las aguas se calmen. Si tras ese primer delito nadie les ha molestado, entonces se irán aventurando a lugares más lejanos, adquiriendo confianza en cada delito.

Pero lo que no aún no se ha demostrado científicamente es que el esquema mental que propugnaban los Brantingham fuera acertado.

Sin embargo, esa teoría fue tan sugerente que a finales de los 80 apareció en escena Kim Rossmo, ex detective inspector de la policía de Vancouver. Dispuesto a mejorar las tesis de los Brantingham, su gran innovación fue un programa informático bautizado como Sistema de Blanco Geográfico Criminal o CGT. Los datos que Rossmo introducía en su ordenador eran: el punto exacto de las escenas de los crímenes, datos de los testigos, análisis demográficos de los lugares en los que secuestraron a las víctimas o donde fueron encontrados sus cuerpos y el estudio del área afectada.

Tras unos complejos cálculos matemáticos, el ordenador proporcionaba tres informaciones. La primera, la zona de confort, entendida como la zona donde ataca; la segunda, los patrones de caza o rutas seguidas por el agresor en sus desplazamientos y, ya por último, el área de peligro, constituida por el área donde es probable que viva el agresor.

A favor de este sistema diremos que ya está siendo aplicado en las jefaturas de policía de Canadá y Gran Bretaña. Pero también tiene sus contras. La primera, que los datos solamente comienzan a ser fiables a partir de la quinta víctima del mismo asesino o violador en serie,

El ex agente de policía canadiense, Kim Rossmo.

con lo que no es un método eficaz en las primeras fases de una investigación.

Otra de sus aportaciones más importantes al mundo del crimen consistió en clasificar a los asesinos en serie basándose en su método de actuación relacionado con el campo geográfico.

Asesinos en serie según su movilidad	
Cazadores	Poseen una base fija desde la que planean los asesinatos y se desplazan para cometerlos buscando una víctima propiciatoria.
Tramperos	Montan trampas para atraer a sus presas hasta que consiguen hacerse con una de ellas.
Merodeadores	Se desplazan por una zona más o menos amplia siguiendo a una víctima hasta que aprovechan la mejor oportunidad que se les presenta para atacarla.
Pescadores	Atacan a una víctima aprovechando una circunstancia no buscada por estar en ese instante realizando otras actividades.

Este tipo de clasificaciones son altamente beneficiosas para la investigación criminal, ya que aportan datos sobre los movimientos de la persona a la que se está buscando y pautas de las zonas en las que es más probable que vuelva a actuar.

Como no podía ser de otro modo, no todas las tesis de Rossmo se han mostrado acertadas. Las mayores críticas le han llegado al asegurar que los asesinos seriales tienden a no delinquir cerca de sus domicilios, para evitar dejar pruebas comprometedoras. A ese espacio él lo llama «zona neutra». Por el momento las estadísticas señalan que esa «zona neutra» solo está presente en los criminales más cuidadosos, un porcentaje tan nimio como para no tenerlo en cuenta en la mayoría de las investigaciones. Y aún teniéndolo, ¿qué tamaño debe otorgarse a esa zona neutra? ¿Es siempre el mismo? ¿En qué elementos hay que basarse para medirla? Son algunas de las cuestiones que aguardan respuesta.

PREDATOR

El último gran nombre en unirse a esta insigne lista de investigadores es Maurice Godwin. Tras un periodo de seis meses en el departamento de estupefacientes de la policía de Oxford, Estados Unidos, Godwin se interesó por la criminología, estudió un máster en esta disciplina y logró una beca de colaboración en la Universidad de Liverpool.

Allí fue donde trabajó a las órdenes de David Canter, entrando en contacto con su trabajo, el cual desarrolló convirtiéndose en uno de sus alumnos más destacados, sino el que más.

Como sus predecesores, también Godwin cree que son los hechos los que aportan la información necesaria para capturar al delincuente y predecir sus próximos pasos. Una vieja idea aprendida del geógrafo de la

Imagen de Predator señalando los emplazamientos relacionados con un asesino serial y los lugares, en círculo, donde es probable que habite.

Universidad Estatal de Luisiana, Milton Newton, quien siempre afirmaba en sus estudios que «el lugar donde se comete la agresión nos dice más sobre la situación del domicilio del sospechoso que cualquier otra localización».

Según palabras del propio Godwin, él ve el crimen «como expresión de una interacción compleja entre el agresor, las características de sus antecedentes, sus conocimientos y percepciones, y la localización y tipo de objetivo». Al actuar todos ellos a partir de los riesgos, recompensas, oportunidades y atractivos percibidos por sus sentidos, Godwin asegura que las escenas de los crímenes pueden dar esa información si son debidamente analizadas.

Estas ideas le motivaron a introducir el prefijo «psi» en el ya clásico término de perfilación geográfica, dando por resultado lo que él llama perfilación psicogeográfica. Dejando este punto a un lado, la aportación más novedosa de Maurice Godwin es la creación de un programa informático con el que no solo puede averiguarse el domicilio del criminal buscado, sino también el próximo punto en el que actuará y la ubicación de los cuerpos que haya podido esconder.

Para crearlo, trabajó durante años recopilando más de cien mil datos y doscientos actos concretos, en escenarios criminales que pudieran ayudar a trazar un perfil correcto del asesino o violador en serie.

Desde el principio desechó el enfoque del FBI basado en las entrevistas a criminales ya encerrados, por creer que las informaciones que ellos puedan aportar no son ni fiables ni extrapolables a otros casos. «Las personas mienten, sus actos no», podría ser su máxima.

Una vez analizados esos miles de datos, los introdujo en el mencionado programa informático llamado Predator. El resultado ya se ha comentado, la posibilidad de averiguar la vivienda del agresor o cualquier otro punto de anclaje importante para él, ya sea la casa de su madre, su novia, o su lugar de trabajo.

Este *software* permite dirigir la búsqueda en todas direcciones y funciona introduciendo los puntos geográficos importantes en la investigación: escenas de los crímenes, dirección donde se cometieron los ataques o donde se vio por última vez con vida a la víctima… Cuando el ordenador haya procesado esos elementos con su base de datos, ofrecerá un mapa de la zona concreta en la que se está investigando con dos líneas formando una cuña, similar a un trozo de tarta. Como el propio Godwin afirma, hay un 80 % de posibilidades de que el criminal trabaje o viva dentro de la zona señalada por esa cuña y un 50 % de que esté en su parte más estrecha.

Por el momento Predator ha demostrado su eficacia en un alto número de casos, incluyendo algunos tan famosos como el del francotirador de Washington.

Todo comenzó el miércoles 2 de octubre de 2002, cuando a las 18.04 James D. Martin, de 55 años de edad, caía muerto en el aparcamiento de una tienda de comestibles abatido por una bala. Los testigos relatarán a la policía no haber observado a nadie armado en las proximidades, únicamente al hombre derrumbándose ya sin vida.

Como tan solo había pasado un año desde los atentados del 11 de septiembre y no se tenía ninguna descripción del agresor, una de las primeras hipótesis barajadas hablaba de una posible acción terrorista. Las dudas se disiparían rápidamente. Tanto como a las 7.41 del día siguiente. Ese fue el momento en el que James L. Buchanan moría víctima de un disparo, recibido mientras cortaba el césped en un concesionario de coches dentro del estado de Maryland.

Rápidamente los investigadores buscan puntos en común y los encuentran. Las dos víctimas murieron de un disparo, ambas lo hicieron mientras realizaban tareas cotidianas y, lo más importante, en ningún caso hubo presencia de un agresor visible. Así fue como la policía comenzó a sospechar de la presencia de un francotirador itinerante. Pero ¿quién era y desde dónde disparaba?

Sin tiempo a cotejar más datos, las muertes continuaron durante esa jornada del 3 de octubre. A las 8.12 el francotirador mataba de otro disparo al taxista de 54 años Prem Kuma Walekar, aprovechando que este llenaba de gasolina su coche; a las 8.37 era Sarah Ramos quien recibía un nuevo balazo y apenas una hora después moría Lori Ann Lewis-River. Una bala la alcanzó en el momento en el que pasaba el aspirador a su coche estacionado en una gasolinera.

Los medios de comunicación se hicieron eco desde el mismo inicio de estos hechos, hablando de un asesino en serie itinerante, cuando la verdad es que no lo era. Para que alguien se convierta en asesino serial debe cometer tres o más asesinatos con un periodo de enfriamiento entre ellos. Y desde luego el francotirador no dejaba que pasara mucho tiempo entre uno y otro ataque. Él pertenecía a la categoría de los *spree killer*, aquellos asesinos que matan esporádicamente, pero en un brevísimo periodo de tiempo.

Por si acaso hubiera alguna duda, antes de que acabara el día, a las 21.15, Pascal Charlot caía abatido mortalmente en una calle de Washintgon.

De la investigación se ocupó el jefe de policía del condado de Montgomery, Charles Moose, quien en aquellas primeras jornadas debió de sentirse abrumado por la velocidad con la que se sucedían las agresiones y los pocos datos que se iban recopilando.

El viernes 4 de octubre, otro ataque, pero esta vez con el resultado de un herido grave, lo mismo que el día 7. No tuvo tanta suerte Dean Harold Meyers, alcanzado por otro disparo el miércoles 9 de octubre, después de repostar gasolina en una estación de Manassas, Virginia.

Para no hacer interminable la sucesión de ataques baste decir que aún habría cuatro más hasta el día 22 de octubre, fecha de la última muerte, la del conductor de autobuses Conrad Johnson.

En esos instantes los agentes de homicidios encargados del caso habían recibido la descripción de una furgoneta blanca, a la que numerosos testigos situaban en la escena de algunos crímenes. Ahí se encontraba la solución al enigma del emplazamiento. Era obvio que el asesino viajaba en algún tipo de vehículo, pero hasta ese instante se desconocía de qué tipo se trataba y, algo muy significativo, si el francotirador lo utilizaba únicamente para acudir y huir de las escenas o también para disparar desde él.

Todas las dudas se disiparon el día 24 de octubre. La llamada de una mujer llamada Whitney Donahue alertó a la policía sobre la presencia de una furgoneta, semejante a la descrita por los informativos, parada en una zona de descanso de Maryland. Tras varias horas desde la llamada, el vehículo fue finalmente rodeado por agentes uniformados que detuvieron a sus ocupantes, dos hombres de raza negra conocidos como John Allan Muhammad y John Lee Malvo, este último de 17 años de edad.

Pese a la rapidez en la detención, el alto número de víctimas desató las críticas de la prensa nacional, que se preguntaba si la policía no podía haber hecho algo más para detener aquella sangría en los primeros días.

Esa pregunta hizo aflorar la participación de un entonces desconocido Maurice Godwin, quien el día 2 de octubre, con los primeros ataques, participó en un programa de la CNN donde se le invitó a que esbozara un posible perfil criminal del asesino. Su respuesta fue tajante: «no se trata de un único francotirador sino de dos y poseen una actitud paramilitar». Ese somero esbozo se corroboró el día de la detención, cuando se constató que se trataba de dos personas y que el líder de la pareja, John Allan Muhammad, se había formado en el ejército, donde destacó como tirador en la guerra del Golfo.

Pero Godwin había ido incluso un paso más allá durante sucesivas entrevistas a la CNN, introduciendo en su Predator los datos de los crímenes cometidos los días 3 y 4 de octubre, prediciendo, en base a los datos resultantes, que los asesinos se desplazarían por la carretera I-95 dirección sur y que el siguiente ataque podría tener lugar en el área de Fredericksburg, Virginia.

Pese a que Godwin aportó estos datos a toda la nación a través de la CNN y varios programas de radios locales y nacionales, nadie creyó su versión, hasta que el 11 de octubre Kenneth H. Bridges resultó tiroteado en el área descrita.

¿Qué hubiera sucedido de haberle hecho caso la policía a Maurice Godwin? ¿Habrían cesado los crímenes? Tarde para saberlo. En defensa de la actuación policial es justo señalar que, durante las jornadas en las que transcurrieron estos trágicos acontecimientos, las televisiones y diarios norteamericanos contaron con la participación de supuestos expertos en perfilación criminal que se aventuraron a lanzar las más variadas y, en ocasiones, disparatadas conjeturas, demostrando lo que ya adelantamos en el capítulo anterior, el peligro que supone no contar con gente experimentada en este campo de estudio. A sus ojos, Maurice Godwin pudo haber sido solo uno más de aquellos «visionarios», aunque los hechos le darían posteriormente la razón.

El propio Robert Ressler llegaría a asegurar en unas declaraciones al periódico *Daily Iowa* que «lo sucedido en el caso del francotirador no tuvo nada que ver con los perfiles: los medios de comunicación sacaron a un montón de payasos».

Aunque las palabras de Ressler sean ciertas, lo paradigmático y más preocupante es que tampoco los perfiladores llamados por la policía acertaron en sus predicciones, afirmando categóricamente que se trataba de un único asesino y «probablemente, de raza blanca».

Es por ello que personajes como Maurice Godwin o David Canter son tan importantes en la lucha contra el crimen, al aportar nuevas perspectivas y diseñar programas informáticos tan avanzados y complejos como sus respectivos Predator y Dragnet.

Por supuesto, tampoco ellos son infalibles en sus predicciones, siempre existirá un margen de error, porque no todos los criminales responden a un patrón de conducta único y porque las circunstancias de cada delito son diferentes, únicas e intransferibles.

Aun así, siempre es un alivio saber que mientras nosotros dormimos o nos ocupamos en las tareas de la vida cotidiana, otras personas se esfuerzan porque esta sociedad sea cada día algo más segura, ideando fórmulas para evitar la realización de nuevos crímenes.

La perfilación geográfica en el cine

Al englobarse la perfilación psicogeográfica dentro del campo de los perfiles psicológicos, es muy difícil encontrar películas o libros que la traten de manera individual.

Para no repetirnos en los títulos del capítulo anterior, podríamos señalar algunos filmes como *El coleccionista de amantes* (Gary Flader, 1997), en el que Morgan Freeman encarna a un antiguo analista policial, llamado Alex Cross, que debe encontrar el paradero de una serie de mujeres secuestradas por dos dementes, antes de que alguna de ellas muera.

El coleccionista de amantes
(1997), Gary Fleder.

También la inconmensurable *Chacal* (Fred Zinnemann, 1973) nos habla de la persecución entre un asesino a sueldo y la policía francesa bajo el gobierno de Charles de Gaulle. La inminencia de un atentado contra el propio de Gaulle movilizará todos los recursos disponibles para averiguar el paradero de este sicario, antes de que llegue a los Campos Elíseos parisinos.

Saliéndonos del mundo de los asesinos, son las películas de catástrofes químicas o bacteriológicas las que más han incidido en la búsqueda de esos puntos de anclaje, desde los que una plaga se extiende sin freno, a modo del caso ya comentado del doctor Snow y la epidemia de cólera que asoló Londres en 1854. Es el caso de películas como *Estallido* (Wolfgang Petersen, 1995) o *La cumbre* (Nick Copus, 2008).

Y si lo pensamos detenidamente, otros subgéneros como el de los vampiros o los insectos asesinos, con cintas como *Misterio en Salem's Lot* (Tobe Hooper, 1979) o *Vampiros* (John Carpenter, 1998), se basan en

71

esta misma idea de un agente peligroso —chupasangres, insectos— que abandona su colonia o cubil para atacar a las personas, haciéndose necesario encontrar esa guarida para acabar con el peligro.

3

TOXICOLOGÍA

Arsénico sin compasión

Uno de los laboratorios que ha cobrado mayor auge en los últimos años dentro del departamento forense es el toxicológico. Es así, no porque sus aparatos sean especialmente llamativos o porque sus integrantes vivan en un constante ritmo frenético de trabajo, sino por la moderna psicosis creada a raíz de los atentados del 11 de septiembre de 2001 y que han llevado a temer el ataque con gases o con algún otro elemento tóxico en cualquier lugar del mundo.

Y aunque a muchos aún les parezca un temor infundado, lo cierto es que hasta hace poco tiempo el envenenamiento, en cualquiera de sus variedades, era uno de los modos más comunes para acabar con la vida de una persona, debido a la facilidad en conseguir sustancias letales que no levantasen ninguna sospecha, como un matarratas o medicamentos autorizados, incluso sin receta.

Afortunadamente la situación ha variado y, hoy, el estricto control de tóxicos imposibilita en buena manera esa impunidad. Pero no la anula totalmente. De hecho, los medios de comunicación nos asaltan de vez en cuando con alguna noticia en la que se relata un caso de envenenamiento. Este es uno de los principales motivos por los que estos laboratorios toxicológicos continúan con su actividad sin bajar la guardia.

Lo que aún me sigue sorprendiendo es la fascinación que este tipo de sucesos provoca entre la población. ¿Por qué? Quizá por la sangre fría que demuestra este tipo de criminal en sus actos delictivos; lo desconozco. Cuando alguien dispara a otro, la muerte, podría decirse, es casi inmediata. Se trata de un acto instantáneo, muchas veces producto de un impulso carente de premeditación que le resta emoción desde el punto de vista sensacionalista.

Sin embargo, con el veneno el esquema funciona al revés. La muerte viene precedida de una agonía tremendamente dolorosa, el asesinato no es instintivo, sino premeditado, y quien muere es en el 95 % de los casos alguien muy cercano al envenenador. Lo que nos llama la atención, nos asusta, pero nos maravilla a la vez, es que ese envenenador o envenenadora haya sido capaz de verter el veneno con tiempo y con sigilo, de preparar con todo detalle el asesinato, de mantener la sangre fría mientras presenciaba la agonía del difunto y sus gritos de súplica y de que, tras su muerte, no haya mostrado un solo ápice de remordimiento.

Aquí radica la fascinación del envenenamiento.

Antiguo tratado sobre plantas venenosas.

DE ROMA A MALLORCA

El primer texto en el que se penaliza el uso del veneno para matar es el Código de Hammurabi, el de la famosa ley del talión, cuando allá por el 1728 a. C. realizó referencias a la planta del beleño, poderoso narcótico que, aplicado en dosis elevadas, provoca una muerte dulce y casi indolora.

No es de extrañar, por tanto, que el veneno haya estado presente en el devenir diario de la humanidad, a veces, usándose como defensa, otras, como medio para ejecutar sentencias —como fue el caso de Sócrates, muerto por cicuta— y en las más, para deshacerse de familiares o ciertos personajes «molestos».

Pero ¿cuándo se convirtió el veneno en una forma cotidiana de matar? ¿Cuándo su uso pudo empezar a considerarse como ciencia? Parece ser que los orígenes se encuentran en la misma Roma, cuando las principales familias acudían a una categoría de mujeres, expertas en el uso de las plantas, que cobraban por esa sabiduría transmitida de generación en generación. Eran los grandes señores, principalmente, los que les pedían consejo sobre la mejor forma de acabar con sus rivales políticos.

Esta práctica, que hoy podría escandalizarnos, era tremendamente común en las sociedades antiguas y, aparentemente, civilizadas. Tanto que quien pudiera costearlo poseía un esclavo encargado de probar la comida primeramente para verificar que esta no se encontraba emponzoñada. Por supuesto, si el esclavo moría, era sustituido por otro, de ahí que únicamente los grandes señores pudieran sufragar esa especie de seguro de vida.

Aun así, tal proceder no era siempre efectivo, ya que la mayoría de los venenos no actúan inmediatamente. La toxicidad puede producirse entre las 24 horas y los 15 días siguientes a su administración; desde esos 15 días a los tres meses, y de los tres meses en adelante, creándose ya el envenenamiento crónico. De todos, los venenos más efectivos e inmediatos proceden del mundo animal, siendo los extraídos del mundo vegetal los más lentos y difíciles de detectar.

Y así fue, por ejemplo, cómo de una de aquellas mujeres, llamada Locusta, se sirvió Agripina para matar a Claudio, y Nerón para acabar con Británico. Fue el inicio de una modalidad criminal que se ha perpetuado hasta hoy.

Dos sucesoras de esta estirpe fueron la francesa Voisin y la inglesa Anne Turner. La primera vivió durante el reinado de Luis XIV. Utilizaba el arsénico para espolvorearlo sobre animales domésticos que, al ser acariciados por las víctimas elegidas, soltaban el veneno para ser inhalado inmediatamente. Otra de sus modalidades era lavar la ropa de quien se quisiera matar con jabón y arsénico, permitiendo posteriormente su entrada en el organismo a través de la piel.

Respecto a Anne Turner, fue una hechicera y fabricante de ungüentos, ajusticiada en 1615 tras descubrírsele elaborando tartas que llenaba de arsénico y vendía a las mujeres que mostraran su deseo de matar a alguien.

La tradición continuaría incluso hasta los años 40 del pasado siglo, reencarnándose en la española Magdalena Castells Pons, célebre asesina en serie de la época. Adivinadora, curandera, comadrona… elaboraba en Palma de Mallorca polvos con una mezcla de harina, bario y arsénico. Sabedora de su alto poder mortífero, Magdalena vendía la sustancia en pequeñas dosis a quien lo solicitara o a quien se dejara embaucar por sus malas artes, ya fuera personalmente o en farmacias concretas.

De esta forma, otras mujeres como Juana María Veny, Margarita Martorell y Antonia Suau acabaron con la vida de sus respectivos maridos. La trama se descubrió y todas ellas fueron condenadas con diferentes penas.

REINAS DEL VENENO

No deja de sorprender que casi todos los modernos anuarios criminales incluyan nombres femeninos cuando entran a comentar casos célebres de envenenamientos. Una selección que, a mi entender, no es gratuita, ni producto del azar. Los estudios criminológicos afirman que la proporción de mujeres envenenadoras, respecto al de sus homólogos masculinos, es de siete a uno, propiciando que los periódicos o las televisiones se refieran a ellas como las «reinas del veneno». Una etiqueta algo sensacionalista, pero que no deja de tener su poso de verdad.

Cuando a mediados del siglo XIX los casos de criminalidad femenina se dispararon, comenzaron a realizarse investigaciones para explicar el fenómeno. Una de las conclusiones a las que se llegó, y que hoy permanece vigente, fue que, en el crimen, ellas actúan de forma más enmascarada. No solo porque se sirvan del hombre para cometer sus delitos, sino también porque cuando actúan de primera mano lo hacen cuidadosa y sigilosamente, intentando que su acción pase lo más desapercibida posible. Por este motivo, muchos crímenes cometidos hasta entonces no habían conseguido ser resueltos, ya que a los escasos medios científicos y policiales existentes se unía la constante de que la mujer casi nunca fuese sospechosa del delito.

En la mentalidad de la época se pensaba que el crimen era un mundo casi exclusivamente de hombres, que ellas apenas se interesaban por las armas de fuego y que su carácter dulce les impedía blandir un cuchillo con la intención de clavarlo en otra persona. Únicamente las mujeres de los bajos fondos —como se denominaba a las prostitutas, ladronas y timadoras— podían ser capaces de cometer algo semejante.

Y quizá fuera cierta, en parte, tal percepción. El gran fallo que tuvieron estos pensadores fue no percatarse de que la mujer también es humana y, como tal, atiende a la llamada del crimen, aunque, claro, en mucha menor proporción que los hombres.

Y es aquí donde el veneno se mostraba —y aún lo hace— como el vehículo idóneo para ellas, al permitir sustituir su debilidad física por la astucia y el disimulo. Al ser más paciente que el hombre, la mujer sabe esperar el momento oportuno, siendo capaz de administrar la dosis necesaria según las circunstancias, ralentizando el envenenamiento en función del riesgo a ser descubierta.

Un ejemplo de ello se vivió en 1916 con María Parra. Originaria del pueblo alavés de Zaga, María se casó con el joven Teodomiro Eraus. El matrimonio vivía acomodadamente, ayudado por varias criadas. Y fue una de ellas, precisamente, la que acompañaba al marido cuando María les sorprendió una noche en el establo sin que él se percatara.

Herida en su orgullo, María juró no olvidar la afrenta y consiguió polvos de estrictina, un veneno especialmente cruel por las violentas convulsiones que provoca en la víctima y que llegan a desgarrar los músculos de sus ligamentos.

Una calurosa noche de agosto, María ofreció a su marido un vaso de leche con los polvos diluidos en su interior. Y mientras el hombre se revolcaba en el suelo presa del dolor, ella repetía mirándole a los ojos que lo sabía todo, que por eso le había envenenado y que nunca más se reiría de quien tanto le amó.

María había sido capaz de soportar los continuos engaños de su marido mientras ideaba un modo de matarlo. No mucha gente es capaz de mantener esa sangre fría durante meses o, incluso, años.

Quizá sea por esto que el veneno ha sido considerado socialmente como un medio especialmente reprochable de matar: por la cobardía y premeditación de quien lo emplea. «El arma de los débiles», se le ha denominado.

Una aclaración. Lo que diferencia el envenenamiento de la intoxicación es la intencionalidad. Es decir, si alguien mezcla en mi sopa un matarratas sabiendo su poder mortífero, seré víctima de un envenenamiento, mientras que si ese matarratas cayó accidentalmente o se mezcló en la sopa por creer que se trataba de una sustancia inofensiva, lo seré de una intoxicación.

Intoxicación es lo que sufrió el genial Mozart, muerto por la toma continua de un «medicamento» contra la depresión, elaborado a base de sales de mercurio y antimonio. O la de Iván el Terrible, quien también se intoxicó lentamente por una pomada compuesta de mercurio, con la que intentaba aliviar su artritis.

Por supuesto, es esta intencionalidad la que rechazan la mayoría de las envenenadoras cuando son descubiertas, aduciendo que todo se debió a un accidente fatal. Y por increíble que pudiera parecer, hasta fechas muy recientes tales explicaciones se daban por satisfactorias.

Sobrecogedor fue el caso de Catalina Domingo, conocida como la *multienvenenadora de Mallorca*. Casada con un empleado de pompas fúnebres, tuvo dos hijos que fallecieron con un mismo cuadro de diarreas y vómitos. El niño a los cinco años de edad, la niña a los 17 meses. Y con una separación entre ambas muertes de año y medio.

A ellos les siguió el marido el 19 de enero de 1968, tras padecer una lenta agonía de tres semanas con fuertes dolores abdominales. No acabaron aquí las muertes. Envalentonada por la falta de pruebas, Catalina también mató a su padrino tres meses y medio más tarde, y a la mujer de este cuatro meses después del entierro. El cuadro clínico siempre el mismo: dolor de estómago, diarrea y vómitos.

Fue entonces cuando el médico de cabecera comenzó a sospechar, convenciendo a las autoridades de que exhumaran los tres últimos cadáveres. Un análisis pormenorizado de los restos arrojó envenenamiento por arsénico. Aun así, la mujer solo reconoció haber matado a su madrina. El tribunal la condenó por esas tres muertes, pero nada dijo de los hijos.

LA AUTOPSIA MÉDICO-LEGAL

Aunque nos sorprenda la impunidad con la que actuó esta Catalina Domingo durante meses, no debería ser así porque lo cierto es que no ha sido hasta fechas muy recientes cuando la ciencia criminalística ha logrado enfrentarse exitosamente al veneno.

Baste pensar que en el siglo XIX las botellas que se vendían con veneno en su interior se fabricaban con forma de calaveras para avisar de su peligro, tal era la ausencia de regulación hacia este tipo de sustancias. El propio penalista italiano Impallomeni enumeraba las ventajas de su uso a finales de ese mismo siglo, asegurando que era «un medio fácil de ocultar, tiene escaso volumen, se adquiere de un modo anónimo y con poco esfuerzo, no implica un desembolso económico importante, mata de pronto y ahorra el derramamiento de sangre». Solo se olvidó de mencionar la dificultad en ser detectado una vez ha entrado en el organismo humano.

Tanto que el envenenamiento aún forma parte de la cifra negra del crimen, compuesta por aquellos delitos que jamás llegan a ser conocidos por las autoridades. Porque no debería sorprendernos averiguar que, incluso hoy día, algunos envenenamientos logran pasar por ataques al corazón o la acción de virus desconocidos. Precisamente por esa gran dificultad de detectar su presencia.

Para luchar contra esta impunidad, los cuerpos sobre los que recae la sospecha de envenenamiento son sometidos a un riguroso análisis forense. Todo comienza con un examen exhaustivo y directo de la escena del crimen en busca de polvos o líquidos sospechosos, porque, como también decía Bertillón, «solo se ve lo que se mira y solo se mira lo que se tiene en mente». Lo más buscado serán tubos o frascos que puedan contener productos tóxicos, raticidas, matamosquitos, tarros sin etiquetar... Tampoco se dejan de lado las hojas secas, líquidos extraños, cápsulas y, en definitiva, todo aquello que sea susceptible de sospecha.

De cada uno de esos elementos se extraerá una muestra, siendo introducida en un sobre o tarro, dependiendo de si la sustancia es sólida o líquida, y con su etiqueta correspondiente señalando el lugar en el que se encontró, la hora y el nombre de la persona que recogió la muestra.

Tras la inspección ocular se redacta un acta donde se incluye la población, hora y fecha del inicio del acta, identidad de quienes la llevaron a cabo, identidad de la víctima, descripción del lugar y de los objetos y enumeración de todo lo recogido. El acta irá acompañado de fotografías de cada elemento examinado.

El destino de todos los elementos recogidos será el departamento de toxicología de la policía científica, si lo tiene, y si no, el laboratorio toxicológico con el que trabaje habitualmente. No debe extrañarnos que algún departamento policial carezca de este tipo de establecimientos, ya que el equipamiento para detectar tóxicos es altamente cuantioso y necesita personal muy calificado para manejarlo.

En cuanto al cadáver, este se traslada al Instituto Anatómico Forense para ser sometido a un exhaustivo examen externo e interno, la conocida autopsia. No todas las autopsias siguen el mismo esquema. Depende mucho de lo que el médico forense esté buscando. Así, en los casos de muerte por posible envenenamiento se dará más importancia a determinadas zonas como los cabellos o las uñas, por ser los lugares donde el veneno permanece durante más tiempo, trasladado hasta allí por el flujo sanguíneo.

También se prestará mayor atención a detalles como el color o la movilidad de los músculos dentro de su grado de rígor mortis. Lo del color tiene su razón de ser en que algunos tóxicos son detectables mediante la tonalidad que dejan en la cara. Está demostrado que el color rosa se debe a la ingesta de barbitúricos, el azafrán al láudano, una tez excesivamente pálida puede tener su razón en la presencia de insulina…, y así sucesivamente.

Otros signos clarificadores son la midriasis —pupilas dilatadas—, cuando se ha tomado belladona, cocaína o cianuros; la miosis —pupilas contraídas—, en el caso del opio y barbitúricos; contracciones faciales, olores fuertes.

La autopsia médico-legal se diferencia de la clínica en que la primera no está dirigida exclusivamente a

Flor de la belladona, cuyo efecto en cantidades excesivas es la muerte.

certificar la causa de la muerte, ya que según la Ley de Enjuiciamiento Criminal debe practicarse «aun cuando de la inspección ocular pueda presumirse la causa de la muerte». Su cometido será, principalmente, averiguar si la muerte sobrevino por una causa natural o violenta. Y si se constata esta segunda posibilidad, entonces servirá también para buscar pruebas, huellas, lesiones... y todo cuanto pueda aportar el cuerpo para la correcta resolución del crimen. La ordena siempre un juez, haya o no consentimiento familiar.

Tras el examen exterior del cuerpo, tanto en su parte anterior como en la posterior, y la toma de muestras, se procede al examen interno del cadáver. Quizá sea esta la imagen más conocida de las películas de detectives, el momento en el que se dispone el forense a abrir el cadáver.

Resalto este punto porque siempre me ha parecido una falta de respeto esas imágenes en las que se ve a un practicante comer o fumar mientras corta con un bisturí

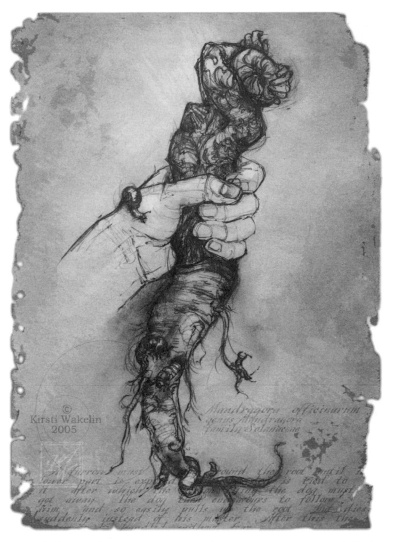

Raíz de la mandrágora. Durante siglos se creyó en sus propiedades casi humanas debido a la peculiar forma que presenta.

el pecho del difunto. Falta de respeto hacia la comunidad médica, ya que las autopsias se realizan siempre con el máximo respeto hacia el cuerpo y hacia la profesión, y, por descontado, con rigurosas medidas higiénicas que prohíben la presencia de comida, bebida o tabaco en cualquier estancia.

Existen varios modos de abrir el cuerpo: por su tórax o por el abdomen, practicando un corte en forma de Y o en U invertida. Cualquiera de ambos es válido y responderá al estado en el que se encuentre al cadáver y a la costumbre del forense.

Acto seguido se procede a la evisceración. Una autopsia completa lleva aparejada la extracción total de todos los órganos para su examen, peso, la toma de muestras de cada uno de ellos y su envío a toxicología en botes de boca ancha, con doble tapa y preferiblemente nuevos. También se toman muestras de sangre de las venas femorales y de las axilares, de la orina y de otros líquidos.

En el Instituto Nacional de Toxicología se estudiará cada uno de los contenidos de estos botes, para localizar el posible tóxico y averiguar de qué manera ha afectado al órgano correspondiente. El que más pistas aporta es el hígado, al concentrar casi todas las toxinas que el cuerpo humano ingiere a lo largo del día, la mayor parte de ellas prácticamente inocuas y fácilmente eliminables.

Aun así, puede ocurrir que no se halle nada, bien porque no exista tal veneno o, existiendo, porque este sea desconocido o se presente en unas cantidades ínfimas, con lo que la muerte puede pasar por causa natural o por un simple accidente doméstico. Y es que la ciencia forense no es infalible, y mucho menos en este ámbito, donde ha ido aprendiendo con cada nuevo crimen, con casos tan difíciles como el de Visitación Blasco.

En la segunda década del siglo XX, y tras casarse con el hijo del dueño de la casa en la que vivían los tres, Visitación decidió deshacerse de su casero utilizando como veneno a unas moscas conocidas como corralejas o vinateras. Día tras día, la mujer machacaba las moscas agregándolas a las comidas como si de un condimento se tratase.

Al transcurrir las jornadas sin que el hombre enfermara, Visitación optó por perfeccionar su método. Siguió cazando los mismos insectos, pero dejándolos macerar un tiempo en vino y colando el líquido resultante. Así, cuando un día su víctima llegó con varios amigos, ella les invitó a una merienda compuesta por pan, miel, azúcar y... ¡vino! Con doble ración para el dueño de la casa que murió a las pocas horas.

Hasta ese instante, nadie había usado tan sutil forma de matar, por lo que a la policía le costó averiguar el tipo de veneno empleado. Pero lo consiguió, y la mujer fue condenada a la pena de muerte.

Pese a ello, no hace falta acudir a casos tan enrevesados como el de Visitación para ejemplificar que la moderna toxicología sigue errando en determinadas ocasiones. En el año 2000 fue capturado en la localidad inglesa de Hyde, cerca de Manchester, Harold Shipman, afable médico de familia muy querido por toda la comunidad. Lo que la misma gente que le adoraba desconocía era que sobre el buen doctor recaía la sospecha de haber asesinado a más de 200 mujeres ancianas y a un puñado de hombres inyectándoles morfina o diaformina.

Como el propio médico certificaba las muertes aduciendo motivos naturales, nadie se cuestionó nunca nada, excepto la policía, inquieta por el alto número de personas que este individuo enviaba a la morgue periódicamente. Las autopsias no arrojaban nada extraño, a no ser que todos los cadáveres presentaban elevadas cantidades de morfina, algo nimio para los forenses, que durante quince años no creyeron ver en esa constante indicios de criminalidad, suponiendo que las altas edades de los difuntos y los cuadros clínicos aportados por el doctor Shipman aconsejaban tales dosis.

Pero los había, vaya que sí. Debió de ser la codicia del propio Harold Shipman la causa de su detención, al decidir falsificar el testamento de una de las víctimas a su favor. Y es que el dinero fácil parece ser que despierta más las alarmas que la propia muerte. Lo curioso de sus andanzas criminales residía en el hecho de que esa fue, tras más de 200 muertes, la primera vez que intentaba lucrarse con sus crímenes. Entonces, ¿por qué mataba? Como quedó patente en el juicio, simplemente por el placer de sentirse un dios, dador de la vida y de la muerte. Así de simple y de cruel.

Regresando a la autopsia, una vez haya finalizado esta, todas las herramientas empleadas se limpian en una solución de hipoclorito sódico durante veinte minutos antes de la próxima intervención. La sala también se desinfecta con abundante agua y jabón.

Ya solo quedará reconstruir el cadáver introduciendo las vísceras extraídas y suturando las heridas e incisiones practicadas. Se cumplimenta el correspondiente informe detallando cada una de las operaciones practicadas, con especial atención a la parte en la que el profesional determina si la muerte fue suicida, homicida o accidental. Debe hacerlo con un cierto grado de certeza que siempre gira entre la convicción absoluta o relativa. Es decir, no sirven las suposiciones libres o medias tintas, el forense debe, por decirlo de forma coloquial, *mojarse* en las conclusiones finales.

MÜNCHAUSEN, SÍNDROME MORTAL

Respecto al tipo de veneno más empleado, no hay uno concreto. Depende de los medios que se tengan al alcance, de los conocimientos médicos, del ámbito en el que se mueva, de la época... Como veneno se han usado cabezas de fósforos mezcladas en purés, antibióticos, puntas de alfileres, matarratas, medicamentos como la insulina... En el pasado siglo XIX el más usado fue el arsénico, camuflado como remedio contra las epidemias de cólera que asolaban las ciudades cotidianamente. Fue la época dorada de las envenenadoras. Al ser ellas quienes elaboraban las comidas familiares —como hoy continúan haciendo—, introducían estas sustancias en el marisco o entre las setas con total impunidad, haciendo creer a todos que las muertes se producían por la ingesta de esos alimentos en mal estado.

En las clases altas quienes se llevaban los castigos eran los miembros del servicio doméstico. ¡Cómo se iba a pensar que alguien de alta alcurnia recurriera al veneno! Incluso el tener un aspecto varonil o poco femenino se consideraba motivo de sospecha, basándose en una interpretación libre y edulcorada de la teoría antropométrica del criminalista Bertillón —felizmente hoy en desuso.

En un comienzo Bertillon ideó la antropometría para identificar a los criminales reincidentes. Su idea consistía en tomar las medidas de partes muy concretas del cuerpo humano a los nuevos detenidos. Luego se archivaban. Cada vez que alguien entraba en comisaría se cotejaban sus medidas con las almacenadas, para detectar si esa persona ya había sido anteriormente apresada. Eran otros tiempos en los que la falta de un DNI incitaba a la picaresca entre los criminales.

Su sistema fue un éxito hasta que la llegada de la dactiloscopia lo relegó al olvido. Afortunadamente, porque sus tesis sirvieron para hacer creer a algunos que poseer ciertos rasgos físicos, como una cabeza de tamaño desproporcionado o mayor separación del entrecejo, predisponían a su dueño a delinquir.

Un caso especialmente relevante en el empleo de venenos se dio en 1889, cuando Pelegrina Montesis decidió administrar a su marido papilla mezclada con polvos de vidrio, aprovechando la enfermedad de este. El hombre murió y ella fue condenada a la pena de muerte, gracias a una sentencia que aún es mencionada en las academias de criminología, al considerar, por vez primera, veneno a «toda sustancia que introducida en el organismo pueda causar la muerte o graves trastornos, sin importar que su actuación sea química o mecánica».

Hoy día, y por zonas geográficas, el mayor número de envenenamientos se da en el Levante español, incluida Murcia y Baleares, además de en Madrid y en Huelva, sin saberse aún las razones concretas para explicarlo. Y por ámbitos cotidianos, es la esfera del hogar el más solicitado, al ser un lugar privado y donde mejor acceso se tiene a la víctima potencial.

Es aquí, también, donde suele darse un modelo especial de envenenamiento: el llamado «síndrome de

Münchausen por poderes», que solo en Estados Unidos es la causa del 10 % de las muertes infantiles. Suelen padecerlo esencialmente mujeres y se caracteriza por el envenenamiento de sus hijos o maridos con la única finalidad de estar a su lado cuidándoles permanentemente y, de esta forma, sentirse útiles. No desean su muerte, ni se oponen a que sean internados o a que se les opere, les basta con estar cerca de ellos.

El caso más extremo fue el de una niña norteamericana a la que se operó 34 veces de una curiosa dolencia que le hacía vomitar todo lo que ingería. Finalmente se descubrió que era su madre quien la estaba envenenando, feliz porque su pequeña siguiera necesitando de la presencia y ayuda de su madre.

También en Atlanta se detuvo a 34 madres que inyectaban a sus hijos orina o les cambiaban los medicamentos efectivos por otros inocuos. Todas ellas padecían esta increíble enfermedad.

Otro fenómeno muy particular, y habitualmente reflejado en el mundo del celuloide, habla de las llamadas *viudas negras*. Como muchos lectores sabrán, la viuda negra —*latrodectus mactans*— es un tipo de araña altamente venenosa que posee una peculiaridad asombrosa. Y es que, tras el acto sexual, la hembra tiende a devorar al macho envenenándole previamente.

Esta circunstancia se ha comparado con aquellas mujeres que se acercan a hombres, más o menos adinerados, a los que envenenan para quedarse con sus fortunas, atrayéndoles con promesas de sexo o, simplemente, de afecto y compañía. Una vez han logrado su objetivo buscan otra víctima para atraparla entre sus redes, igual que el arácnido comentado. Curiosamente, este califica-

Araña *viuda negra*, cuya peculiar vida sexual ha motivado que su nombre sirva para denominar a las mujeres que seducen a los hombres para matarlos posteriormente envenenándolos.

tivo no se usa con los hombres, quizá debido al machismo aún imperante en ciertos círculos o a la fascinación que sigue produciendo encontrarse con una mujer capaz de engañar a los hombres para envenenarles acto seguido.

En España, cómo no, también existen ejemplos de *viuda negra*. Uno de los más famosos tuvo como protagonista a Margarita Sánchez, quien entre 1991 y 1995 mató a siete personas, entre ellas su marido, un cuñado, el suegro y dos vecinos. Pero nada comparado con la francesa Marie Besnard y sus 13 víctimas o Elfriede Blauensteiner, quien falsificaba testamentos a su favor ayudada por un abogado después de eliminar a sus maridos.

El *modus operandi* de Elfriede Blauensteiner era siempre el mismo. Como trabajaba de enfermera, encontraba a sus futuros compañeros entre los enfermos del hospital y clientes de farmacias. Luego iniciaba un ritual de conquista que siempre acababa en tragedia para los incrédulos enamorados.

Elfriede fue detenida después de una carrera delictiva de 20 años, durante los cuales envenenó no solo a sus parejas, sino también a los vecinos que mostraban un ápice de sospecha sobre su conducta. Cuando se la apresó contaba con 64 años de edad y únicamente reconoció cinco de los numerosos crímenes por los que se le enjuició.

Remedios caseros

Al margen de estas individualidades, existe una modalidad de envenenamiento mucho más terrible: el asesinato de masas. Quienes lo perpetran son principalmente grupos terroristas, con líderes que escudan estos actos tras motivos religiosos o de índole política.

Todos recordamos las imágenes del metro de Tokio en 1995, cuando miembros de la secta Aum Shinrikyo dispersaron gas sarín por diversas estaciones provocando la muerte de doce personas y el envenenamiento de muchas decenas más.

Por casos como este la moderna ciencia forense ha debido adaptarse a las circunstancias para limitar el impacto de sucesos similares en el futuro. Limitar, que no evitar, ya que resulta tremendamente difícil impedir una acción de este tipo.

Algunos de los últimos avances son la creación de instrumentos portátiles para la rápida identificación de armas químicas y biológicas sobre el terreno, o el uso de secuenciadores de ADN que clasifican la cadena de los agentes biológicos involucrados, con objeto de localizar su origen.

Líder de la secta
Aum Shinrikyo,
inductor del envenenamiento
por gas sarín en el
metro de Tokyo.

Además, y afortunadamente, cada veneno produce una serie de síntomas concretos que, detectados a tiempo, pueden evitar la muerte del paciente si se le ingresa en un centro hospitalario.

Algunos de ellos son pérdida de peso acentuada —posible ingesta crónica de plomo, arsénico o mercurio, delirio—, aliento con olor a esencia de almendras —signo inequívoco del cianuro—, dientes dolorosos y móviles —muy probable presencia de fósforos o mercurio—, parálisis parcial o general —síntomas típicos producidos por el curare o la picadura de la viuda negra—, color vinoso de la orina, expresión inmóvil de la cara... Si no somos capaces de trasladarnos o de llevar al enfermo a un centro sanitario cercano, será el momento de acudir a los antídotos y neutralizantes caseros.

Por antídoto debe entenderse la sustancia que, combinada con los tóxicos, crea nuevos elementos que resultan atóxicos o menos tóxicos que la sustancia primigenia. Un antídoto rudimentario, pero efectivo en muchos casos, se prepara a base de un compuesto formado por dos partes de pan quemado y pulverizado, una parte de leche de magnesia o agua de cal y otra de té fuerte. Diferente es el neutralizante, que no pretende crear una sustancia nueva, sino anular la toxicidad del elemento ingerido. El más usado pasa por ingerir un trozo de pan carbonizado o, en su defecto, patatas cocidas.

Una vez se haya tomado cualquier antídoto o neutralizante, hay que favorecer en lo posible la salida del tóxico del cuerpo por las vías naturales.

A partir de ahí seguro que ya tendremos más cuidado con lo que ingerimos, porque una de las experiencias más dolorosas de la vida es sufrir una intoxicación. Créanme, yo la tuve hace unos años por un plato de bonito con tomate que no estaba muy fresco y sé lo que digo. Mientras iba camino al hospital para recibir un buen lavado de estómago recordaba las palabras del genial Paracelso, asegurando que «todo es veneno, nada es veneno, solo depende de la cantidad». Cuánta razón tenía.

EL VENENO EN LA LITERATURA, EL CINE Y LA TELEVISIÓN

El veneno ha sido gran protagonista de películas, relatos y hasta de cuentos infantiles. ¿Quién no recuerda la famosa manzana de *Blancanieves y los siete enanitos?* Y es que, como hemos comentado, nos enfrentamos a una de las formas de matar más antiguas del ser humano.

Ya en el cine, la estupenda *Arsénico por compasión* (Frank Capra, 1944) parodiaba los numerosos casos que

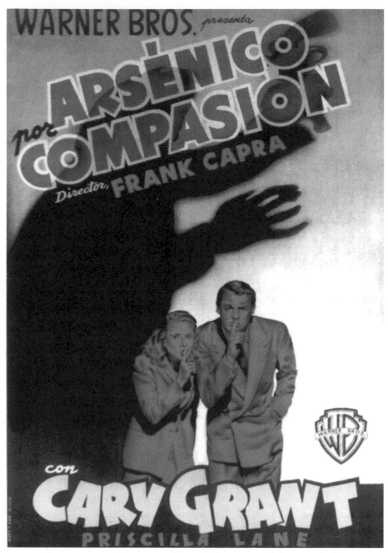

Arsénico por compasión (Frank Capra, 1944) parodiaba
los numerosos casos de *viudas negras* que aparecían
en la prensa de entonces.

aparecían en la prensa de mujeres que seducían y envenenaban a hombres ricos para hacerse con sus fortunas, las conocidas como *viudas negras*. Solo que aquí eran dos ancianas, tías de un Cary Grant inconmensurable, las que empleaban el arsénico para «acabar con el sufrimiento» de ancianos a los que conocían en la calle.

Con un tono mucho más duro, el novelista Dashiell Hammett envenenaba a uno de los personajes de su libro *El halcón maltés* a base de morfina. Lo mismo que hicieran Agatha Christie o Anne Hocking en muchas de sus creaciones literarias. Sorprendente es que ninguna de las dos cometiera un solo fallo en la descripción de los síntomas, antídotos y empleo de cada sustancia, demostrando hasta qué punto los autores de antaño se informaban antes de emprender una novela.

También James Bond sufrió envenenamiento mientras jugaba al póker en *Casino Royale* (Martin Campbell, 2006), saliendo airoso para regresar nuevamente casi impoluto a la mesa de juego. Lo mismo que el protagonista de *Crank* (Mark Neveldine, 2006), a quien se le inocula una sustancia que le obliga a moverse continuamente, mientras busca un antídoto con el plazo límite de una hora, momento en el que el veneno hará su efecto.

Y qué decir de las series *Yo, Claudio*, *Se ha escrito un crimen* o *Colombo* —por mencionar algunas—, donde el veneno estaba presente en todas las temporadas y, siempre, dando quebraderos de cabeza al investigador de turno.

Está claro que el veneno ha gozado de una vida saludable —si puede utilizarse esta expresión—, y estoy segura de que continuará dando buenos y grandes argumentos al género policíaco.

4

ANTROPOLOGÍA FORENSE

El discurso de los muertos

De un tiempo a esta parte se han hecho tremendamente célebres libros en los que diversos forenses explican a los lectores los rudimentos de su trabajo, a la vez que desgranan los casos criminales más difíciles o asombrosos en los que intervinieron.

Yo misma he leído algunos de ellos para documentar con experiencias ajenas este libro y reconozco que realmente son buenas obras, instructivas y amenas. Siempre que se dé con un autor interesante, claro está. Uno de ellos es el español José Antonio García-Andrade, cuyo trabajo semiautobiográfico *Lo que me contaron los muertos* no solo es uno de mis libros de mesilla, también el que me inspiró para elaborar el título de este capítulo.

Durante más de 50 años, el doctor García-Andrade ha realizado miles de autopsias buscando la verdad que el hombre oculta durante su vida, pero que la muerte se encarga de desvelar. Y es que las autopsias a menudo nos enseñan mucho más sobre nuestros vecinos ya difuntos que su presencia en vida.

Gracias a ellas sabemos los hábitos alimenticios del difunto, si practicaba o no deporte, qué variedades sexuales le gustaban, qué enfermedades le aquejaban, cómo fue su infancia y adolescencia... y, en último término, y exprimiendo el razonamiento al máximo, intuiremos si era una persona feliz o infeliz.

He ahí el porqué de títulos como *Cuando los muertos hablan, Lo que me contaron los muertos* o *Los muertos también hablan,* este último del autor norteamericano William R. Maples. ¡Increíble la cantidad de conjugaciones que podemos realizar con el verbo hablar y el sustantivo muertos!

Bromas a un lado, las autopsias siguen constituyendo una de las armas más efectivas con las que cuenta la policía para llevar un caso a su buena resolución. Y es que analizando detalladamente un cadáver podremos averiguar, no solo la edad, sexo, altura y raza de la víctima, sino la causa de su muerte y, aún más importante, qué sucedió en los instantes previos a la defunción.

Pero como ya nos detuvimos en las autopsias de cierta forma en el capítulo anterior, en las próximas páginas vamos a centrarnos en un tipo muy específico de profesionales que han hecho de la muerte su forma de vida: los antropólogos forenses.

La antropología forense

La antropología forense es la disciplina que se encarga de estudiar el hueso humano, sus cambios a lo largo de la vida, sus cambios a lo largo de diversas generaciones y sus cambios en cada parte del mundo. Para la policía son unos especialistas altamente reputados. Por su trabajo, es muy frecuente que los agentes se encuentren con cadáveres cuyo avanzado estado de descomposición les impide extraer datos fiables sobre el momento y causa de la muerte, cuando no, con algunos miembros descuartizados o con un fémur o cráneo solitarios. Es ahí donde entran los antropólogos forenses, limpiando el cuerpo de todo tejido blando para comenzar a indagar pacientemente sobre cualquier posible marca dejada en el hueso: un navajazo, un traumatismo, una perforación... Es el instante en el que los muertos comienzan a hablar con una voz limpia y alta, y en el que los expertos deben escuchar, interpretando lo que sus ojos tienen ante sí.

«La carne se descompone; los huesos perduran», es una de las frases que más gusta pronunciar a estos especialistas. Y no está carente de sabiduría, ya que como también afirman: «La carne olvida y perdona las antiguas heridas; el hueso se suelda, pero siempre recuerda».

El primer caso en el que se utilizó esta disciplina para resolver un crimen ocurrió en 1849. Ese año, el doctor y profesor de anatomía en la Universidad de Harvard, George Parkman, desapareció misteriosamente de un día para otro. Al comienzo nadie mencionó la palabra asesinato, pero las alarmas saltaron cuando en la sede universitaria se encontraron diversas partes de un cuerpo humano descuartizado. La mandíbula inferior se localizó quemada en un horno de ensayo, algunos de sus miembros en el interior de un retrete y otros camuflados en uno de los laboratorios. Rápidamente la policía detuvo al conserje del edificio, sospechoso del crimen únicamente por haber sido la persona que descubrió tales restos. Nos encontramos en 1849 y la ciencia criminal ni siquiera daba sus primeros pasos.

Afortunadamente para el conserje, de la investigación se encargó otro profesor de la misma universidad, Oliver Wendell Holmes, quien cercioró que los restos hallados en el laboratorio no eran muestras anatómicas, ya que no habían sido tratados con ningún conservante químico.

Estudiando sus huesos con detenimiento concluyó que pertenecían al cuerpo de un hombre de entre 50 y 70 años, de aproximadamente un 1,75 metros de estatura. Todos estos datos coincidían con el desdichado y desaparecido profesor. Pero la prueba que demostró fehacientemente la pertenencia de los restos a George Parkman fue su dentadura.

Sabido era que Parkman había encargado una dentadura nueva para estrenarla durante la ceremonia de inauguración de la remodelada Facultad de Medicina. Con este dato, Holmes acudió a la consulta del dentista que se la había elaborado, cotejándola con el molde que, felizmente, aún guardaba. ¡Ambas coincidían!

Con estos datos, Holmes comenzó a sospechar entonces de otro colega de la facultad, el doctor John Webster, a quien Parkman había prestado dinero no hacía mucho tiempo. Así fue cómo al irse cerrando el cerco en torno a él, Webster acabaría confesando ser el asesino, siendo juzgado y condenado a morir ahorcado en 1850.

Como reconocimiento a su labor en vida, la facultad creó la cátedra Parkman de anatomía, la cual ha sido ocupada por los más insignes antropólogos forenses. Uno de ellos fue el doctor Thomas Dwight (1843-1911), considerado el padre de esta disciplina, tras haber dedicado toda su vida al estudio de los esqueletos y a la identificación y clasificación de los mismos en función del sexo, edad y estatura.

De hecho, Dwight fue el primero en lograr descifrar esos datos a través de los huesos, algo que hoy es parte de la rutina diaria de un antropólogo forense.

Como se ha comentado, el que la policía envíe restos humanos a un laboratorio antropológico se debe a una llamada de auxilio que bien podría ser: ¡socorro, no sabemos a quién pertenecen estos restos y ustedes son los únicos que pueden ayudarnos!

El primer paso que realizarán será examinar el cuerpo o lo que quede de él exteriormente, aunque no con la profundidad de los patólogos forenses, los auténticamente señalados para desarrollar esa parte del proceso. La diferencia entre un patólogo y un antropólogo forense es que los primeros son médicos y los segundos no, aunque también hayan cursado algunas asignaturas de medicina legal en la facultad. Por esta circunstancia los antropólogos no pueden nunca determinar la causa de una muerte. Para ellos, los navajazos o los disparos son, por así decirlo, la manera de morir.

Por esta misma razón, el verdadero trabajo del antropólogo forense comienza cuando se han eliminado las partes blandas adheridas a los huesos, dejándolos limpios y en condiciones idóneas de ser examinados. Esto se consigue hirviéndolos en el mismo laboratorio. Acto seguido, se buscará cualquier marca dejada en los huesos que pueda cotejarse con algún aspecto de la vida del difunto: un esguince o rotura, una operación dental, alguna malformación…

Por supuesto, la identificación no es su único cometido. En muchas ocasiones es el antropólogo quien da las

Los alumnos de antropología forense trabajan sobre huesos reales para perfeccionarse en esta difícil e interesante disciplina. El orden y la higiene son imprescindibles.

claves para establecer el modo en el que falleció la persona o cómo se desarrollaron sus últimos instantes de vida.

Un ejemplo típico de la cantidad de datos que aportan los huesos, más allá de la pura identificación personal, lo encontramos en los casos de tiroteo. No debe extrañarnos que cuando alguien recibe un disparo la bala toque en alguna estructura ósea. De hecho, lo más difícil es lo contrario, que entre limpiamente. Basta pensar que solo la cabeza está totalmente protegida por el cráneo y que para llegar al corazón o los pulmones antes deberemos sortear un hueso tan duro como el esternón y otros igual de efectivos llamados costillas.

Por el diámetro de la marca dejada en cualquiera de nuestros huesos podremos averiguar el calibre del proyectil y la distancia desde la que fue disparado. Así, los disparos a bocajarro son capaces de destrozar el hueso hasta convertirlo en astillas, debido a la mayor energía con la que impacta contra el cuerpo. Y si averiguamos esa distancia, hasta quizá podríamos deducir

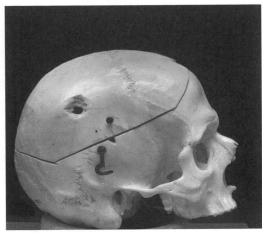

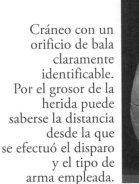

Cráneo con un orificio de bala claramente identificable. Por el grosor de la herida puede saberse la distancia desde la que se efectuó el disparo y el tipo de arma empleada.

—aunque con un considerable margen de error— la altura del agresor o su posición respecto de la víctima.

Lo mismo podríamos argumentar sobre las lesiones por arma blanca, cuyas heridas en el esqueleto nos informan de cómo se produjo la agresión, la fuerza del atacante y su saña a la hora de actuar. Y para demostrarlo viajemos en el tiempo para conocer a un personaje fascinante: Francisco Pizarro.

De siempre se ha sabido que Francisco Pizarro murió igual que vivió, espada en mano. Analfabeto y porquero en la juventud, su fuerte tesón le permitió conquistar uno de los mayores imperios que el mundo haya conocido: el inca.

Sin embargo, la codicia le enzarzó en luchas internas con algunos de sus antiguos compañeros de armas. Los mismos que, según las crónicas, le emboscaron en su residencia peruana asesinándolo en la noche del 26 de junio de 1541, «de una estocada en el cuello», según se lee en ellas.

FRANCISCO PISARRO

Francisco Pizarro vivió como murió, espada en mano.
Así lo demostró el análisis efectuado a sus huesos.

Tumba de Francisco de Pizarro. El análisis efectuado a sus huesos desveló cómo se desarrollaron realmente sus últimos instantes de vida.

Y esa fue la versión oficial hasta 1984, cuando un equipo de antropólogos forenses examinó sus restos demostrando que Pizarro no había muerto de una única estocada, sino de hasta cuatro mortales de necesidad. Los datos no engañaban. Los restos de Pizarro presentaban varias vértebras seccionadas con tanta virulencia que, a buen seguro, le partieron en dos la médula espinal. También el abdomen y algunas costillas mostraban signos de estocadas, así como las manos y los brazos del esqueleto.

Quedaba patente que Pizarro tuvo una muerte terrible y muy dolorosa, que pidió clemencia en algún momento de la lucha y que, por supuesto, no le abatió un único atacante. Es más, el análisis demostró que los asesinos mojaron sus espadas en la sangre de Pizarro, como muchos siglos atrás hicieran los propios con el cadáver de Julio César.

Huesos y más huesos

Visitar un laboratorio de antropología forense es algo que todo el mundo debería realizar al menos una vez en su vida. No se asusten, lo primero es señalar que se trata de centros tremendamente limpios, a pesar de que los elementos con los que trabajan puedan crearnos una sensación radicalmente inversa. La limpieza y el orden son sus normas básicas.

La gente cree que cuando alguien muere su esqueleto permanece completo, pero no siempre es así. La erosión, la actuación de las alimañas o la acción del propio criminal suelen provocar que casi nunca se localice un cuerpo entero. A veces lo que llegan son dos o tres miembros, un torso y, en casos extremos, unos pocos huesos. Todos ellos deben ser debidamente catalogados y, por si fuera poco, cotejados para averiguar qué piezas de las halladas pertenecen a un mismo esqueleto y cuáles a diferentes cuerpos. De ahí que el orden sea tan estricto en estos laboratorios.

Al entrar, lo primero que nos llamará la atención serán las baldas repletas de calaveras, fémures, tibias, mandíbulas... Huesos conservados en tarros o al aire, en cajas o sujetos a la pared; esqueletos completos o fragmentados, quemados o limpios, con agujeros de bala o hendiduras de hacha... No son elementos decorativos, cada uno de ellos cuenta una historia en particular que servirá para futuros casos, por lo que deben almacenarse con esmero.

Más allá de la entrada, los depósitos en los que son hervidos para eliminar sus partes blandas y, seguramente, una ducha de seguridad con la que tratar a los

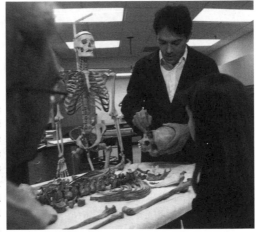

Los laboratorios de antropología forense son tremendamente limpios, a pesar de que los elementos con los que trabajan puedan crearnos una sensación radicalmente inversa.

huesos resultantes con productos químicos a chorro. En los mejor equipados encontraremos también alguna campana de olor, lugar en el que se introducen los esqueletos recién llegados y que aísla precisamente eso, el olor a podredumbre que a buen seguro traerán.

Y ya como colofón, toda una amalgama de herramientas inservibles en otros ámbitos, como molinillos para obtener muestras de los huesos, sierras de dientes adiamantados para cortarlos, tijeras con las que romper costillas, cuchillos largos idóneos para extraer el cerebro, y la joya de la corona: la sierra Stryker. Cuando estudié criminología recuerdo que uno de mis profesores nos comentó que nuestra mejor amiga sería en adelante la Stryker. Enseguida descubrí la ironía de aquella frase, lo que tardé en salirme de la sala al ver mi primera autopsia.

La Stryker es una sierra vibradora cuya hoja circular, en lugar de girar, oscila hacia adelante y hacia atrás. Este movimiento permite cortar un hueso, pero jamás la piel. Por eso es una herramienta muy segura. Se usa

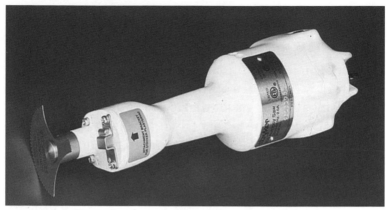

Sierra Stryker, el *arma* de los antropólogos.

principalmente para cortar la tapa del cráneo y extraer el cerebro, que como muy gráficamente explica el doctor William R. Maples en su libro *Los muertos también hablan,* «produce una especie de chasquido al salir».

Uno de los casos más difíciles que se recuerdan en los anales de la antropología forense comenzó el 15 de febrero de 2002. Ese día, inspectores de la Agencia de Protección Ambiental de Estados Unidos acudieron hasta las instalaciones del horno crematorio Tri-State, localizado en los alrededores de la ciudad de Noble, Georgia.

Alguien les había llamado porque en la zona boscosa que rodea el recinto había visto lo que parecían ser cuerpos humanos esparcidos por el suelo. Rápidamente, agentes estatales y del FBI acudieron al lugar y encontraron entre los arbustos decenas de cadáveres semi descompuestos o a medio quemar. Al cabo de una semana el número ascendía a 339. Se los encontró enterrados en hoyos poco profundos, metidos en ataúdes metálicos, apilados como troncos de leña…

Los propietarios del horno crematorio, Ray y Clara Marsh, fueron detenidos y acusados de estafa y de un delito contra la salud pública. Asustados por lo que se les venía encima, confesaron haber depositado los cuerpos en el interior del bosque, para ahorrarse el dinero que costaba llenar casi a diario los inmensos depósitos de propano con que alimentaban los quemadores. Claro está que mientras ellos ahorraban costes de forma tan pueril, las familias seguían pagando religiosamente los honorarios establecidos.

Dos preguntas flotaban en el ambiente. Una: ¿qué es lo que se les entregaba a esos familiares dentro de las urnas? Porque, desde luego, cenizas no eran. Y la otra: ¿cuáles eran las identidades de los 339 cadáveres rescatados?

La primera fue relativamente fácil de contestar. Varios análisis bastaron para descubrir que la mayoría de las urnas funerarias contenían restos humanos, aunque seguramente no todos pertenecientes al mismo cuerpo, y una cantidad altísima de cemento en polvo. Parece ser que los Marsh descubrieron el gran parecido entre la textura y el color del cemento con la ceniza resultante de una cremación y en ello basaron su engaño.

Más difícil resultó comprobar la identidad de los cadáveres. El estado de Georgia hizo traer a varios de los mejores antropólogos forenses del país, que durante varias semanas trabajaron incansablemente. Algunos cuerpos fueron identificados a simple vista por los propios familiares, otros por marcas y heridas dejadas en sus huesos y que aparecían reflejadas en sus respectivos historiales médicos, y algunos, los menos, jamás pudieron ser reconocidos.

Este suceso es una mera muestra de los intrincados y dificilísimos episodios en los que, a menudo, se ven inmersos los antropólogos forenses. Otros ejemplos serían la identificación de los esqueletos hallados en fosas comunes de Bosnia y Ruanda, la de los muertos en los atentados del 11 de septiembre de 2001, la de los cadáveres norteamericanos que aún siguen localizándose en las selvas de Vietnam…

Si realmente somos capaces de extraer tanta información de los huesos, se debe a que estos no son todo lo sólidos e inmutables que pensamos. La verdad es que nuestros esqueletos permanecen en constante evolución, dirigidos por los millones de células que habitan entre sus paredes y que forman la médula espinal. Por si esto no fuera poco, otra membrana, el periostio, no para de construir nuevas células óseas y de destruir las viejas y dañadas, provocando que la osamenta sea cada vez más dura y compacta. En este factor reside la pérdida paulatina de elasticidad y movilidad. Y en ello también el hecho de que cualquier herida que haya traspasado la piel y el músculo quede depositada de por vida en el hueso.

LA GRANJA DE CADÁVERES

Cuando hablamos de antropología forense hay dos nombres que se deben mencionar irremediablemente. Uno es el del doctor Bill Bass y el otro es el del Centro de Investigación Antropológica o Granja de Cadáveres, en su versión coloquial.

Refiriéndome a la Granja, la publicidad más sensacionalista asegura que «nunca conocerán otro lugar igual

El doctor Bill Bass, creador de la Granja de Cadáveres y uno de los antropólogos forenses más respetados del mundo.

y, seguramente, tampoco les importará». Estoy de acuerdo con la primera parte de la frase. Y ahora sabrán porqué lo digo.

Este centro se yergue en el estado norteamericano de Tennessee, dentro de la ciudad de Knoxville. Se trata de, aproximadamente, 1,2 hectáreas de terreno boscoso en el que se han diseminado a voluntad decenas de cadáveres humanos, con el propósito de estudiar minuciosamente cuál es su proceso de descomposición tras la muerte. La idea pasa por estudiar este proceso atendiendo a los diferentes ambientes y posiciones que el propio cuerpo presenta en las más variadas investigaciones criminales, por lo que estos se presentan depositados al aire libre, semienterrados, enterrados por entero, en el interior de coches, bajo techo, sumergidos en agua, ahorcados... Quienes logran visitar el centro no pueden sino sorprenderse de lo visto y corroborar lo acertado del sobrenombre otorgado al lugar: la Granja de Cadáveres, o Granja de Cuerpos, en la traducción de su acepción inglesa *Body Farm*.

Todo surgió de la mente del mencionado antropólogo forense doctor Bill Bass, eminente científico formado en esta difícil tarea muchos años antes de crear el centro. Tras excavar durante 14 años tumbas de los indios arikara en Dakota del Sur, la Universidad de Tenneesse le eligió en 1971 para dirigir un proyecto de investigación antropológica de carácter nacional. Y aceptó.

Durante varios cursos su trabajo no trascendió más allá de los límites de la universidad, hasta que el jueves 29 de diciembre de 1977 recibió una llamada telefónica que cambiaría su existencia y la del futuro de la antropología forense.

Interior de la Granja visto desde la empalizada de entrada.

Entrada a la Granja de Cadáveres,
el lugar más terrorífico del planeta.

Al otro lado del aparato se escuchó la voz de Jeff Long, capitán de la brigada de investigación de la localidad de Franklin, a 50 kilómetros de Nashville. Al parecer, detrás de una de las mansiones del pueblo sus propietarios habían encontrado una tumba profanada de los tiempos de la guerra civil, perteneciente a un tal coronel Shy. Sin embargo, cuando la policía acudió al lugar se encontró con un cuerpo que parecía ser la víctima de un asesinato reciente, porque, aunque le faltaba la cabeza, la piel del torso se mostraba rosada y prácticamente intacta. Pero entonces, ¿por qué enterrarlo en una antigua tumba?

Intrigado por esta incógnita, el doctor Bass comenzó a desenterrar el cadáver, observando que las extremidades sí estaban muy deterioradas. Le extrañó sobremanera el atuendo, «parecido al de un camarero con clase», según sus palabras. Y aún más le sorprendió toparse con el ataúd de hierro forjado que parecía albergarlo hasta hacía pocos días, inusual en este tipo de crímenes.

Desenterrado el cuerpo y limpio de tejidos blandos, los huesos no aportaron pistas sobre la causa de la muerte. Mientras, los periódicos abrían sus ediciones con titulares como «Hallado cadáver decapitado en Franklin», «Parece que el hombre lleva muerto entre dos meses y un año». No eran aseveraciones gratuitas, el propio doctor Bass les había dado esos datos tras el estudio de los restos.

A los pocos días se encontró el cráneo del cuerpo en la misma tumba y con un tremendo orificio de bala. Junto a él, ropajes pertenecientes a otra época. Fue entonces cuando todos cayeron en la cuenta: ¡aquel cadáver era el del propio coronel Shy! El doctor Bass había dictaminado que el cuerpo llevaba como mucho un año muerto, cuando la realidad es que llevaba ¡113!

Este hecho le demostró lo poco que aún se sabía sobre el proceso de descomposición humano. Los forenses eran capaces de extraer información de un cuerpo con pocos días sin vida, pero no de uno que llevara años inerte. El último que había estudiado este proceso fue el forense chino Song Ci, autor del libro *La redención de las malas obras*. Publicado en 1247 d. C., este texto presentaba la serie de exámenes y pruebas que debían realizarse a un cadáver tras una muerte sospechosa, acompañándolas de dibujos donde se veían los cambios que el organismo humano sufre a las semanas y meses de haber muerto. En los siguientes siete siglos nadie recogió el testigo de Song Ci, hasta que se produjo el episodio del coronel Shy.

Decidido a cubrir esa laguna forense, el doctor Bass supo que necesitaba disponer de un espacio donde poder depositar cadáveres al aire libre, para que los científicos observaran y documentaran el proceso de descomposición, anotando las variables de temperatura, humedad, etc.

En 1980, y gracias a la propia universidad, se le cedió media hectárea de terreno de uso público situado detrás del centro médico. Con ayuda de sus alumnos, este antropólogo forense limpió el lugar de malezas, construyó un camino de gravilla, alisó el terreno con cemento y levantó una pequeña estructura de madera donde guardar las herramientas necesarias y depositar los cadáveres a la intemperie para ser estudiados. Una valla alrededor de la exigua instalación remataba el conjunto. Había nacido el Centro de Investigación Antropológica.

Hoy, este centro es muy diferente al original. La necesidad de incrementar los estudios y la gran acogida que tuvo la idea en todos los ámbitos provocaron la necesidad de ampliar las instalaciones y, por defecto, de contar con más cadáveres para ser estudiados.

Lo que no ha cambiado es su emplazamiento. Quien se acerque hasta la parte trasera del Centro Médico de la Universidad de Knoxville, se topará con una empalizada de madera de aproximadamente dos metros de alto y con un cartel en la gran puerta de entrada donde se lee: «Centro de Investigación Antropológica. Para más información llamar al doctor Bass». Una vez traspasada la entrada, una zona boscosa de 1,2 hectáreas en la que se encuentran diseminados varios cadáveres en las posturas ya descritas.

Grupos de alumnos, al igual que antaño, se encargan de monitorizar el proceso de descomposición y de anotar los cambios que el cuerpo humano va sufriendo durante el mismo de forma diaria. Incluso los cadáveres

Entrada primitiva de la Granja de Cadáveres.

enterrados son exhumados de vez en cuando, fotografiados y vueltos a enterrar. «Asombra la rapidez con la que podemos convertirnos en un mero esqueleto al aire libre», dice el doctor Bass. Quizá por este motivo, el también antropólogo forense Douglas Ubelaker llama al lugar «depósito de cadáveres al aire libre».

Una de las principales leyes sobre las que descansan los experimentos efectuados en la granja es la tafonómica. Su cometido pasa por descubrir la disposición o posición relativa de los restos humanos, objetos y elementos naturales. Es decir, reconstruir lo que sucedió en la escena de un crimen a través de los elementos encontrados en ella. Así, si se localiza la mano del difunto lejos del cuerpo, se estudiará si eso fue debido a la acción de un animal carroñero después de la muerte o del propio criminal durante, antes o tras el asesinato.

Por la tafonomía los forenses saben, por ejemplo, si el cuerpo descansa en el mismo lugar donde fue asesinado o si fue arrastrado hasta allí una vez muerto.

Cuerpos diseminados
en la Granja de Cadáveres.

Lo único que se prohíbe a los alumnos de la granja es injerir en el proceso de descomposición, porque, en ese caso, el experimento no serviría de nada, ya que de lo que se trata es de aprender cómo se desarrolla este libremente para aplicarlo después a investigaciones criminales reales. Por ejemplo, en el verano de 1976 un vecino de Knoxville encontró entre las malezas de su vivienda los restos de un esqueleto humano. Cuando la policía acudió al lugar recogió la dentadura postiza perteneciente a Orval King, un anciano de 74 años al que nadie había visto en los últimos dos años. Como las malezas se encontraban muy cercanas a una importante avenida de la ciudad, se pensó que quizá los huesos hubieran sido depositados allí recientemente. De lo contrario, el mal olor habría alertado a los viandantes si el hombre hubiera muerto en ese mismo punto dos años antes. ¿O no?

Intrigados, se solicitó la ayuda del doctor Bass. Este quedó fascinado ante la interrogante que se le planteaba:

Miembro de la Granja de Cadáveres estudiando el proceso de descomposición en uno de los cuerpos sometidos a análisis.

¿a qué distancia se podía oler un cadáver en descomposición? Raudo, depositó un cadáver en avanzado estado de descomposición entre las malezas de su centro y pidió a varios alumnos, desconocedores del experimento, que se fueran acercando hasta que detectaran algo extraño. A los 10 metros comenzaron a quejarse del hedor, demostrando que Orval King pudo muy bien haber fallecido de muerte natural entre aquellos arbustos sin que nadie lo detectara, a pesar de estar cerca aquella avenida tan transitada.

Los estudios efectuados por el equipo del doctor Bass se han mostrado cruciales en muchos aspectos. Gracias a ellos hoy sabemos que un cuerpo puede mantenerse casi intacto un invierno y una primavera, para esqueletizarse casi completamente en un par de semanas de calor sofocante; que aquellos presentados al sol tienden a momificarse; que cuanto más profundo se entierra un cuerpo, más tarda en descomponerse; que un cadáver obeso se esqueletiza mucho más rápido que uno delgado, siendo capaz de perder 18 kilos de peso al día... Datos imprescindibles, muchas veces, para discernir entre la muerte natural y el asesinato, o para decretar fidedignamente el momento de una defunción.

De estas instalaciones también han salido grandes científicos, como Arpad Vass, químico forense que descubrió que bastaba con analizar la tierra encontrada bajo un difunto para averiguar si este murió en ese punto o fue transportado hasta allí tras la defunción.

Por obvio que pueda parecer, esta técnica revolucionaria permitió enjuiciar en 1996 a Thomas Dee Huskey, apodado *el Hombre del Zoo*, un asesino en serie que acabó con la vida de cuatro prostitutas en pocos años.

Actualmente, el Centro de Investigación Antropológica sigue en plena vigencia. Todos los años llegan cuerpos a sus instalaciones para iniciar nuevos experimentos, porque aún hay mucho que investigar en el mundo criminal y, por ende, en el campo de la descomposición humana.

Por cierto, que si usted desea donar su cuerpo a este centro basta con que escriba un correo a la dirección donateinfo@utk.edu. A través de él se le informará de los requisitos que debe cumplir, así como de sus derechos y obligaciones. También se le enviará un cuestionario para rellenar y un folleto explicándole los fines que persiguen quienes trabajan en la granja y la finalidad que tendrá su cuerpo una vez muerto.

LA ANTROPOLOGÍA FORENSE EN EL CINE Y LA TELEVISIÓN

Parece ser que la antropología forense está condenada a ser una eterna secundaria en el mundo del celuloide, a semejanza de actores como Brian Dennehy, Alec Baldwin o John Hurt. Siempre aparece en las grandes películas policíacas y de misterio, pero nunca se le da el papel principal.

Curiosamente, es la televisión la que le ha otorgado ese puesto, con la serie *Bones* (Huesos). Sus protagonistas son los actores Emily Deschanel y David Boreanaz, encarnando respectivamente a una antropóloga y a un agente del FBI, unidos por la investigación de los crímenes más difíciles a través de los análisis óseos. La serie ha logrado un gran éxito de audiencia en Estados Unidos y

La exitosa serie de televisón *Bones* está inspirada en la vida y las novelas de Kathleen Joan Reichs que es, al igual que la protagonista de la serie, una antropóloga forense y escritora de éxito.

en nuestro país debido «en parte» a la inteligente mezcla de humor e intriga que impregna cada capítulo. Se da la curiosidad de que el personaje interpretado por Emily Deschanel está inspirado en la vida de una antropóloga forense real llamada Kathy Reichs.

Sin embargo, la mejor vía para conocer algo más sobre esta disciplina la encontramos en la lectura divulgativa. El primer libro que se publicó sobre el tema no podía titularse de otra forma, *Bones*. Su éxito abrió la senda para otros especialistas del género como William R. Maples y su *Los muertos también hablan* (Alba Editorial, 2004) o el propio profesor Bill Bass, quien publicó un libro con cierto carácter autobiográfico que, como no podía ser menos, se titula *La Granja de Cadáveres* (Alba Editorial, 2004).

También la autora de best-seller Patricia Cornwell ha utilizado esta ciencia para crear su personaje de ficción más famoso, Kay Scarpetta. Algunos de los títulos con Scarpetta de protagonista son *Post-Mortem, El cuerpo del delito, La jota de corazones* o *Identidad desconocida*. Pronto veremos a la polivalente actriz Angelina Jolie encarnar a este personaje de ficción que, pocos lo saben, está inspirado a su vez en una auténtica antropóloga forense llamada... ¿lo adivinan? Sí, nuevamente, Kathy Reichs. Y es que esta mujer nacida en 1950 en Chicago no es una mera antropóloga forense, también es una escritora de éxito y la pionera en adentrarse en un camino hasta hace muy poco exclusivo de los hombres.

Buenas lecturas, quizá no para una sobremesa, pero sí para esas noches de tormenta en las que el frío del exterior se condensa en el cristal de las ventanas, mientras escuchamos el murmullo del viento y la lluvia.

5

ADN Y BIOLOGÍA FORENSE

El futuro hecho presente

En 1986 la policía británica se encontraba ante un dilema. Un joven de 17 años llamado Richard Auckland se había atribuido el asesinato y la violación de dos adolescentes de 15 años, Lynda Mann y Dawn Ashworth, ocurridos en las Midlands inglesas.

El dilema estribaba en que, si bien Richard Auckland poseía antecedentes por agresión sexual, su discapacidad psíquica inducía a pensar que quizá el muchacho no fuera realmente el autor de los crímenes. ¿Cómo saber la verdad a falta de huellas dactilares y otro tipo de pruebas en las escenas de los crímenes? Únicamente se contaba con restos de semen del agresor, en un momento en el que nadie hablaba de la aplicación del ADN a una investigación criminal.

Afortunadamente, algunos miembros de Scotland Yard conocían el trabajo de un investigador del Instituto Lister de la Universidad de Leicester llamado Alec Jeffreys. Este profesor había descubierto, tan solo un año antes, que ciertas partes de la estructura del ADN en las células con núcleo se repetían de forma idéntica una y otra vez. Células presentes en el cabello, la sangre, la saliva, la piel y, por supuesto, en el semen, es decir, en casi todas las partes del cuerpo.

El doctor británico llamaba a esas estructuras «huella digital genética», por ser únicas e intransferibles en cada ser humano. Es más, él mismo había ideado un método para identificar y aislar ese ADN, haciéndolo observable al investigador.

Así fue cómo este método se aplicó al caso de Richard Auckland. Se le extrajo sangre, se aisló su ADN y se cotejó con el presente en las muestras de semen halladas en las escenas de los crímenes. No coincidían. Estaba claro, Auckland no era el asesino que aseguraba ser, quedando en libertad automáticamente.

Pero aún hubo más. El resultado había sido tan bueno que se solicitó a todos los varones adultos del condado de Leicestershire, en total tres pueblos, que entregaran voluntariamente muestras de saliva o de sangre para comparar su ADN con el del semen conservado. Los resultados fueron negativos. No es que la policía dudara de la efectividad de las pruebas, pero quedaba patente que algo había fallado.

Fue la fortuna la que esclareció el misterio. Al año siguiente a los hechos descritos, una mujer acudió a la policía relatando una historia extraña. Afirmaba que un compañero suyo le había confesado haberse hecho pasar por otra persona durante el momento en el que le tocó donar la sangre para el cotejo policial. La sospecha estaba servida. Tras interrogar al impostor se averiguó que el hombre al que suplantaba se llamaba Colin Pitchfork, panadero de profesión y ahora principal sospechoso de los crímenes. Cuando se le extrajo una muestra de sangre, esta vez por mandato judicial, su ADN coincidió con el hallado en los cadáveres de las dos jóvenes. En 1988 sería condenado a cadena perpetua.

Desde ese instante las fuerzas policiales del mundo entero contaron con un revolucionario método de investigación e identificación de posibles sospechosos, que no ha dejado de perfeccionarse y de aportar nuevas vías de actuación. Un método que ha desplazado en importancia a otras técnicas tan arraigadas como la dactiloscopia y que aún deparará muchas sorpresas futuras.

LA DOBLE HÉLICE

Pese a haber comenzado este capítulo en 1985, el punto de partida para narrar la historia del hallazgo del ADN (ácido desoxirribonucleico) debería comenzar varios siglos atrás con los trabajos de Mendel, aquel botánico que aparecía en ciertas lecciones de lo que en mi época se conocía como la asignatura de Ciencias Naturales.

Fue él quien asentó las bases de la moderna biología a través de sus experimentos con las plantas, intuyendo que todo ser vivo debía poseer algún tipo de mensaje genético en su interior. Una sustancia capaz de definir y organizar todas las funciones que necesitamos para vivir y perpetuarnos.

La idea fue asumida por investigadores posteriores, como el químico Friedrich Miescher, quien en 1869 logró aislar de las vendas usadas una sustancia a la que denominó nucleína. Miescher jamás lo supo, pero estu-

Mendel, uno de los padres de la genética.

vo muy cerca de descubrir el ADN. Las vendas con las que trabajaba poseían gran cantidad de pus, que no es más que una acumulación de glóbulos blancos muertos, precisamente el tipo de células nucleadas donde reside el ADN. Solo la falta de instrumental de alta calidad le arrebató el hallazgo.

Un material con el que sí contaron los científicos James Watson y Francis Crick en 1953. El 28 de febrero de ese año, ambos colegas pudieron observar por vez primera la estructura en doble hélice de la molécula de ADN. En todo momento fueron conscientes del hallazgo y así lo dejaron claro en el artículo publicado en el número 4 356 de la revista *Nature*, aparecido el 25 de abril de 1953. El misterio de la vida comenzaba a aflorar.

Una historia apasionante, pero que en cierta forma nos apartaría del cometido principal de este capítulo: analizar de qué forma el ADN se aplica a la investigación criminal.

James Watson,
codescubridor de
la secuencia de ADN.

Para averiguarlo, antes debemos conocer lo imprescindible sobre biología genética. El conjunto de ADN de
cada célula se compone de una sucesión de unidades
llamadas nucleótidos, semejantes a los eslabones de una
cadena larguísima. Existen cuatro tipos de nucleótidos:
adenina, citosina, guanina y timina. Hay un quinto
llamado uracilo, pero solo está presente en el ácido ribo-
nucleico (ARN).

Esos cuatro nucleótidos se unen uno tras otro en una
cadena y la forma en la que lo hacen es lo que se denomina «secuencia». Pero como todos sabemos, el ADN no se
compone de una cadena, sino de dos. Dos cadenas unidas
entre sí a través de los nucleótidos presentes en cada una
de ellas. Y una unión que no es aleatoria, ya que la
adenina de una cadena solo puede unirse a la timina de la
otra, y la citosina de una cadena con la guanina de la otra.
A esta unión específica se la llama «par de bases». Se
calcula que cada secuencia de ADN completa comprende
unos tres mil millones de «pares de bases».

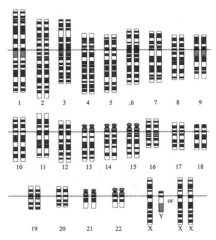

Cariotipos extraídos
de la secuencia de ADN.
Indispensables para realizar
las pruebas de paternidad.

Pues bien, ese «par de bases» es exclusivo de cada persona, ya que una secuencia jamás es idéntica en dos individuos —excepto en los gemelos homocigotos—. De estas uniones, de la secuencia que forman, depende la morfología de una persona externa e internamente. Esa es la razón por la que todos nosotros somos diferentes, y la base sobre la que trabajan los biólogos forenses para descubrir la identidad de una persona, que en su caso normalmente suele ser el sospechoso de un crimen.

Menciono el tema de la identidad porque es el cometido principal del ADN en particular y de la criminalística en general. Sin un culpable debidamente identificado no puede impartirse justicia en el mundo del crimen.

Sobre la necesidad de esa identificación giran los contenidos de las ciencias forenses, siempre encaminadas a dilucidar quién y cómo se cometió un crimen, o dicho de otro modo, quién es el autor y cuáles fueron las circunstancias que rodearon a un hecho determinado. Un cometido en el que el empleo del ADN se ha declarado como el recurso más eficaz y al que aplica sus esfuerzos la biología forense.

Para no liarnos con tecnicismos, diremos simplemente que la biología forense es la ciencia que se dedica al estudio científico de los indicios biológicos, con objeto de determinar su origen y las circunstancias en las que aparecieron. Muchos de los profesionales que la integran no son médicos, sino biólogos, químicos, bioquímicos, farmacéuticos... Aunque siempre al mando de un biólogo forense que será, en última instancia, quien responda por su trabajo ante las autoridades y en el posterior juicio.

Los indicios o pruebas sobre los que trabaja un biólogo forense son todos aquellos que posean un componente biológico y tengan alguna relación con el crimen que se esté investigando.

Su trabajo sobre el ADN se compone de cuatro fases principales: estudio en la escena del crimen, preservación de las muestras y envío al laboratorio, análisis criminalístico, y presentación y defensa de los resultados ante los tribunales.

Ninguna de las cuatro fases es más importante que el resto, ya que un solo fallo en cualquiera de las cuatro conllevará inevitablemente la invalidación de todo el proceso. Y así, si no se extrae correctamente una muestra de ADN en la escena del crimen, no habrá materia sobre la que trabajar; tampoco si aun recogiéndola correctamente esta se degrada o es mal manipulada en el laboratorio, o si no se la sabe defender adecuadamente frente a un tribunal. Por tanto, es necesario, imprescindible, que cada una de las cuatro fases se lleve con el máximo rigor y cuidado.

Como digo, todo comienza, una vez más, en la escena del crimen, también llamada por los investigadores «lugar de los hechos». Ambas acepciones son correctas y pueden utilizarse indistintamente. Como ya sabemos, todo lo que suceda en esa escena debe quedar debidamente registrado, fotografiado y grabado en vídeo.

Lo que no he comentado anteriormente es que en la mayoría de episodios violentos no existe una única escena del crimen, sino varias. La norma pasa por considerar como tal cualquier lugar que se haya visto implicado en la comisión del delito. La diferencia estriba en que al emplazamiento donde aparece el cadáver se le llama «escena del crimen primaria» y al resto «escenas secundarias».

Secundarias son, por ejemplo, el coche en el que fue transportada la víctima, el lugar donde se produjo el ataque, el punto en el que falleció la víctima —en el caso de que no coincida con el lugar donde apareció su cuerpo—, la ruta de huida seguida por el agresor... También existen otros emplazamientos importantes, como la vivienda o centro de trabajo del sospechoso, llamados «hábitats» y que pueden ser al mismo tiempo escenas secundarias o primarias.

En cada uno de esos puntos es posible que se encuentren pruebas relacionadas con la investigación, incluidas muestras de ADN. A la hora de recogerlas, el mayor peligro es la «contaminación», que llega con la presencia en un medio de una sustancia no deseada, sea cual sea.

En *sensu estricto* todo elemento es contaminante, incluidos el agua o los productos químicos presentes en la atmósfera. La obligación pasa por lograr que esa contaminación sea la mínima posible y nunca tan importante como que llegue a degradar, tergiversar o invalidar la muestra de ADN recogida.

Por el principio de Locard, aquel que dice que cuando una persona interactúa con un entorno, algo de él queda en el lugar y algo del lugar queda en su persona, es posible encontrar restos de ADN en los emplazamientos más insospechados. No solo en el cuerpo de la víctima, también en el suelo, en una colilla, en un chicle, en un pelo desprendido, en una gota de sangre caída sobre una rama… Esto obliga a que la escena del crimen sea concienzudamente rastreada y examinada.

Normalmente, los objetos donde es posible encontrar ADN son fácilmente transportables al laboratorio, como el chicle comentado, pero en otras su tamaño invalida esta posibilidad —una pared, el suelo, un automóvil—. Se procede entonces a la extracción de la muestra biológica, intentando siempre captar la mayor cantidad de células posible. Se puede hacer cortando el material sobre el que está depositada, raspándolo o aplicando un hisopo de algodón húmedo sobre esa muestra para rehidratar las células y que pasen a adherirse al algodón.

Respecto a la recogida de indicios biológicos en el cadáver, esta debe producirse antes de que aparezcan signos evidentes de putrefacción, ya que la degradación del cuerpo es también la degradación del ADN inserto en algunas de sus células.

Las muestras a recoger son varias: 10-20 mililitros de sangre extraídos directamente de las cavidades cardíacas, un mechón de cabellos arrancados de raíz y con esa raíz siempre presente, un fragmento de músculo pectoral de unos 20 gramos de peso, un fragmento de costilla o 5 centímetros de esternón y no menos de 2 piezas dentales sin caries. Todo posee su razón de ser y lo que se trata es de asegurarse que siempre haya ADN suficiente y de calidad sobre el que trabajar.

En casos especiales o en supuestos de paternidad dudosa aún habrá un tercer campo de estudio, el ADN de los familiares directos.

Una vez se han recogido todas las muestras, se empaquetan en sus recipientes correspondientes bien documentados y se envían al laboratorio.

Hasta aquí, *grosso modo,* el procedimiento estándar aprobado para la correcta recogida y envío de las muestras susceptibles de ser analizadas. La segunda parte, la que tiene lugar en el laboratorio, no es menos apasionante, en absoluto, pero sí más farragosa de explicar para quienes no tengan los conocimientos científicos apropiados, motivo por el que me centraré exclusivamente en el campo del delito.

Mucho ha llovido ya desde aquel lejano 1986 con el que iniciábamos este capítulo y muchas han sido también las ocasiones en las que el ADN se ha convertido en la pieza clave para demostrar la culpabilidad de un acusado.

Uno de ellos ocurrió precisamente en España el 24 de junio de 2001. Aunque fuese el día de San Juan, no fue una hoguera lo que alertó a Javier Hernández mientras conducía su coche al pie de la sierra de Guadarrama, sino un auténtico fuego en el paraje conocido como Era Vieja. Ocho unidades de bomberos y dos helicópteros acudieron velozmente a su llamada para extinguir el incendio. La sorpresa saltó al descubrirse el origen del mismo, un Ford Orion de color gris que ocultaba en su maletero una sorpresa aún mayor: el cadáver completamente calcinado de un hombre al que le habían sustraído la documentación.

El fuego también le había borrado las huellas dactilares, imposibilitando su identificación mediante los métodos clásicos. Un rosario encontrado alrededor de su cuello les dio la primera pista: se trataba de un ciudadano colombiano.

Ya en el Instituto Anatómico Forense, la autopsia reveló que se trataba de un varón de 1,65 metros de estatura, de unos 30 años de edad y muerto por un disparo antes del incendio.

Cotejando las denuncias de desaparición recientes, la policía dio en L'Hospitalet de Llobregat con Maritza Cuesta, joven colombiana que había denunciado a principios de julio la desaparición de su novio, Juan Carlos Gamba García, trabajador de la construcción.

Gracias a ella y al informe dental que la Interpol Colombia hizo llegar a España, se confirmó la identidad del cadáver como la del desaparecido Juan Carlos Gamba. En un incendio, la parte del cuerpo menos vulnerable es la boca, una cavidad profunda protegida por los dientes, las mejillas, la lengua y la saliva, capaz de resistir los 1 300° C. De ahí que los análisis dentales sean tan solicitados y esclarecedores en este tipo de sucesos.

Pero hubo más. Con su ficha dental, la Interpol Colombia envió otros datos sobre el difunto. Quizá en España pasase como trabajador de la construcción, pero en su país de origen se le tenía como el capo de una banda de colombianos residentes en Madrid. Actividad que siguió desarrollando en España, aunque más solapadamente. En nuestro país se le conocía como Julio o

Juli, y era uno de los tres hombres de confianza de un capo aún mayor, al que decidió robar 500 000 dólares.

Fue su sentencia de muerte. Los hasta entonces compañeros de fechorías se convirtieron en sus ejecutores y tras una sesión de tortura murió tiroteado por un antiguo camarada suyo llamado Miguel Cáceres. Sin embargo, algo no encajaba. En las bandas colombianas la única persona que posee la facultad de decidir la muerte de alguien es el jefe y en este caso Miguel se había arrogado tal potestad. Quedaba claro que él también estaba involucrado en el robo del medio millón de dólares y que su final sería semejante al de su compinche Juan Carlos.

El 3 de julio la Policía Nacional descubre en uno de los polígonos industriales de Fuenlabrada, al sureste de Madrid, un torso humano dentro de un contenedor. Forma altamente eficaz para anular la identidad de alguien, si no fuera por el recurso del ADN.

Como la policía ya seguía la pista de la banda, solo fue cuestión de tiempo detenerlos durante un intercambio de droga en el mes de octubre. Gracias a sus testimonios se supo que, efectivamente, aquel torso pertenecía a Miguel Cáceres, muerto tras otra atroz tortura. Pero en un juicio las palabras no sirven de mucho si no vienen acompañadas de pruebas, y se necesitaba una para demostrar que ese torso era el de Miguel.

Por sus mismos ejecutores, los policías supieron que Miguel tenía una hija que estudiaba en uno de los colegios más selectos de Madrid. Con la autorización materna se le pudo extraer sangre a la niña, demostrando en los análisis una equivalencia con el ADN paterno del 99,9 %. El torso pertenecía a su padre.

A partir de ahí todo vino rodado. La organización colombiana fue perseguida hasta su desaparición y, aunque su máximo cabecilla, Jorge S.P., logró huir a su Colombia natal, la orden de búsqueda y captura emitida contra él le arrebató la impunidad de la que gozó hasta ese instante.

Aunque llamativo, el caso de Juan Carlos Gamba no es de los más sorprendentes relacionados con la participación del ADN en una investigación. En 2001, la policía de Florida decidió reabrir un crimen no resuelto once años atrás. En aquel entonces, una camarera llamada Laurie Colannino fue hallada violada y asesinada dentro de su apartamento.

El principal sospechoso se llamaba Brian Calzacorto, de 25 años y compañero de piso de su hermano gemelo Alfred. Ambos se negaron a dar muestras de su ADN para compararlo con el extraído del cuerpo de la víctima. Sabían que al ser gemelos univitelinos su ADN era exactamente igual, por lo que de dar positivo cualquiera de ellos el otro también quedaba incriminado.

Solo Alfred poseía una coartada sólida para no ser considerado sospechoso, al demostrar que estuvo trabajando durante el día de los hechos. Así fue como todas las miras se posaron en Brian, sometiéndolo desde entonces a un férreo control.

De la localidad de Largo, donde se cometió el asesinato, Brian se mudó a la vecina Tampa, llevándose consigo a varios inspectores que lo vigilaron día y noche, buscando la forma de hacerse con alguna muestra de su ADN. La oportunidad llegó una noche en la que Brian tuvo el descuido de sacar la basura a la calle con objetos personales muy valiosos para cualquier biólogo forense, concretamente varias colillas y la pantalla de una maquinilla de afeitar eléctrica.

Raudos, los policías se hicieron con ese material hurgando entre las bolsas y lo llevaron al laboratorio criminalístico. El ADN extraído de ambos objetos coincidía con el encontrado en el cuerpo de Laurie Colannino. Brian era el asesino que buscaban.

Nuevamente en España, también el ADN extraído de una colilla permitió resolver uno de los crímenes que más han conmocionado a la sociedad española en la última década, el de Rocío Wanninkhof.

Con un argumento digno de cualquier película de suspense, el asesinato de Rocío Wanninkhof, ocurrido el 9 de octubre de 1999, solo pudo ser resuelto a partir de otra muerte, la de Sonia Carabante en la madrugada del 14 de agosto de 2003. Esa madrugada Sonia ya no regresó a casa, después de haberse despedido de sus amigos tras una noche de fiesta en la localidad malagueña de Coín. Su cuerpo de 17 años fue hallado sin vida a cinco kilómetros de su casa, en una zona boscosa conocida como El Pinar.

Durante el análisis minucioso de su cuerpo, se encontraron restos de piel humana bajo sus uñas, signo de que había forcejeado con alguien antes de ser asesinada. Fue entonces cuando saltó la sorpresa. El ADN extraído de esas células coincidía con el extraído a una colilla de tabaco marca Royal Crown, descubierta en la escena del crimen de Rocío Wanninkhof.

La misma persona había estado en ambas escenas, demostrando a la policía española que se encontraban, posiblemente, ante un asesino en serie que operaba por la Costa del Sol malagueña. Todos los datos apuntaban a esa posibilidad. Las dos chicas habían muerto en tiempo de feria, en poblaciones cercanas entre sí y sin signos de violación previa. Solo la forma de matar difería. Sonia murió estrangulada, Rocío, degollada.

La secuencia de ADN obtenida fue introducida en la base de datos genética de investigación de la Guardia Civil, conocida como ADN-Investigación Criminal (ADIC), un potente ordenador que reúne los perfiles genéticos procedentes de pruebas biológicas encontradas en diversas escenas criminales. En el último capítulo del libro hablaremos más profusamente de estas bases de datos, por ahora basta decir que su uso se ha extendido por todo el mundo en la última década y que su finalidad es poseer los perfiles genéticos de personas potencialmente peligrosas, para cotejar su ADN con el localizado en cualquier escena de un crimen y averiguar, así, si alguno de los identificados estuvo o no en ese lugar.

En 2003, la ADIC distaba mucho de la potencia y amplitud de la base de datos actual, lo que motivó las quejas de la ciudadanía pidiendo mejores medios en la lucha contra el crimen. Afortunadamente el ADN introducido bastó para cotejarlo con otro que poseía Scotland Yard, permitiendo la identificación de un ciudadano inglés afincado en España llamado Anthony Alexander King, más conocido en su país de origen como *el estrangulador de Holloway*.

El asesinato de las dos jóvenes quedaba resuelto, aunque la sociedad reabría un viejo debate sobre la funcionalidad de las bases de datos policiales y la descoordinación entre las policías europeas. ¿Por qué se había dejado entrar en nuestro país a un personaje tan

Anthony Alexander King, asesino de las jóvenes
Sonia Carabantes y Rocío Wanninkhof.

peligroso? ¿Por qué Inglaterra no avisó de su llegada?
Seguramente, de haber funcionado estas bases de datos
como se espera de ellas, ambos crímenes no se habrían
producido.

Mirando hacia el pasado

Otra de las funciones más aclamadas del ADN ha
consistido en permitir revisar aquellos casos antiguos
cuyas condenas se basaron en indicios biológicos, en una
época de grandes limitaciones tecnológicas. Se trata, en
esencia, de sentencias sobre hechos juzgados antes del
final de la década de los 80.

El país que ha abanderado esta nueva vía de investigación ha sido Estados Unidos, reabriendo casos con
sentencias firmes de prisión de larga duración, en
ocasiones de cadena perpetua y en otras hasta de pena de
muerte. Esto es posible porque en ese país algunos deli-

tos no prescriben nunca y basta el hallazgo de una nueva prueba o de un testimonio inédito para que exista la oportunidad de un segundo o tercer juicio.

Con estas premisas, los abogados Barry C. Scheck y Peter J. Neufeld, ambos de la Facultad de Derecho Benjamín N. Cardozo de Nueva York, fundaron en 1992 el Proyecto Inocencia, encaminado a revisar todos los casos en los que alguien fue condenado a muerte, cadena perpetua o a penas superiores a 20 años, como resultado de un análisis de indicios biológicos, estuviera o no presente el ADN.

Cada uno de estos sucesos es revisado individualmente, buscando discrepancias entre las pruebas biológicas, análisis que no se efectuaron... Cuando algo de ello surge, se solicita la revisión del proceso y la apertura de un nuevo juicio.

Los datos son demoledores. De los primeros 132 casos de condenados exonerados después de hacer la prueba del ADN, en 33 los acusados correspondientes anunciaron haber confesado hechos y datos falsos tras intensos interrogatorios que acabaron por llevarles a la cárcel. En otros casos fueron la policía y los testigos de la acusación los que aportaron datos y pruebas biológicas falsas en los juicios, para resolver el asunto cuanto antes.

Las conclusiones del Proyecto Inocencia han sido tan vergonzosas para las autoridades que el 1 de octubre de 2003 el Congreso de los Estados Unidos aprobó la Ley de Protección de la Inocencia, dentro de un marco jurídico aún mayor llamado Avance en la Justicia, cuyo objeto es garantizar a cualquier condenado que insista en su inocencia el derecho a que se le practique un análisis de ADN riguroso y veraz.

Jose Antonio Lorente,
actual responsable del
Observatorio de la
Violencia de Género
en España.

No es la última de las posibilidades que el estudio del ADN está ofreciendo a la sociedad. Desde 1999 funciona en España el Programa Fénix, ideado para lograr la identificación a través del ADN de personas desaparecidas y de los cadáveres, esqueletos u osamentas hallados sin saber a quiénes pertenecen.

Lograrlo pasa por la creación de dos bases de datos. Una que incluya los perfiles genéticos de los familiares de los desaparecidos y otra con los perfiles de los restos encontrados. Como cada uno de nosotros poseemos la mitad del ADN materno y la otra mitad del paterno, la identificación no es difícil de conseguir si se poseen ambos perfiles.

El Programa Fénix es especialmente válido para sucesos como guerras, catástrofes naturales, tragedias como derrumbes o incendios de edificios o actos violentos en los que se vean involucradas varias personas. También para la identificación de víctimas de represiones políticas, como sucedió durante la dictadura fran-

La ciencia contra el crimen

quista o la pinochetista. Se calcula que solo en España existen unos 2 000 restos óseos no identificados. Cifra que aumentaría exponencialmente de llevarse a cabo la apertura de las fosas solicitada por los familiares de los republicanos fusilados en nuestro país.

Una cara más amable ofrece su uso en aquellos hechos del pasado convertidos ya en auténticos misterios históricos, donde los análisis sobre ADN están deparando muchas sorpresas. Me estoy refiriendo a episodios como la muerte del zar Nicolás II y toda su familia durante la revolución bolchevique o al auténtico emplazamiento del cadáver del almirante Cristóbal Colón.

Tanto en uno como en otro caso se poseen esqueletos y descendientes sobre los que trabajar, aunque tan lejanos en el tiempo que se tardará precisamente eso, tiempo, en dilucidar su verdadera identidad. Al menos en lo relativo a Cristóbal Colón, porque en lo relativo al zar ruso los resultados emitidos hace apenas un año fueron bastante concluyentes: los esqueletos localizados en una cuneta de Ekaterimburgo, efectivamente, eran los de la familia real rusa asesinada en la noche del 16 de julio de 1918.

A propósito de estos asuntos, me gustaría terminar este capítulo con tres curiosidades. La primera hace mención nuevamente al zar, más concretamente a su hija Anastasia.

Durante años se creyó que su esqueleto no estaba junto al de sus hermanos, cuando la verdad consistía en que los únicos restos que faltaban eran los del zarevich Alexei. Pero como este dato no se supo hasta la década de los 90, siempre hubo mujeres que aseguraron ser la auténtica Anastasia, según la leyenda popular salvada en

La familia Romanov al completo. Únicamente las pruebas de ADN
efectuadas sobre sus restos despejó la incógnita de su muerte.

aquella fatídica noche por un criado bondadoso y sacada
de Rusia a escondidas para no caer en manos bolchevi-
ques.

De todas esas posibles anastasias, la que alcanzó más
notoriedad fue Anna Anderson, llegada a tierras nortea-
mericanas a principios de siglo con el apellido de su
marido. Desde 1920 aseguró ser la gran princesa
Anastasia, logrando suscitar las dudas entre la alta sociedad burguesa. Tan creíble era su historia y tan grande el
parecido con la joven Anastasia que muchos creyeron
estar efectivamente ante la denostada princesa.

Sin embargo, sus pretensiones de recuperar el trono
y de ser reconocida como la legítima heredera de los
Romanov nunca se vieron satisfechas y falleció como
cualquier otra persona en 1984.

En aquel entonces todavía se desconocía el potencial del ADN para lograr la identificación de personas
dentro de una misma familia, por lo que a nadie se le
ocurrió jamás guardar una muestra de su tejido. El cadá-

Anna Anderson en 1920. Hasta su muerte, en 1984, hizo creer a muchas personas que era la auténtica Anastasia. Las pruebas de ADN demostraron que no era así.

ver de Anna Anderson fue incinerado, imposibilitando corroborar su afirmación histórica de forma genética.

Y así hubiera quedado aquella mujer, entre la curiosidad y la leyenda, si no fuera porque un grupo de investigadores apasionados por este caso, perteneciente al Forensic Science Service, descubrió que Anna Anderson se había sometido en 1970 a una intervención quirúrgica en el Hospital de Charlottesville. Y lo aún más asombroso, restos de sus tejidos aún permanecían incorruptos en el Servicio de Anatomía Patológica del centro, inmersos en parafina.

Tras salvar numerosos obstáculos y obtener los permisos correspondientes, el ADN de aquellos tejidos demostró que Anna Anderson no tenía absolutamente nada que ver con la familia de los Romanov, para tristeza de quienes creyeron estar ante la auténtica Anastasia.

La segunda de las curiosidades hace referencia a la imaginación que posee la policía a la hora de conseguir objetos de los que extraer ADN. Sucedió en el País Vasco.

Tras un episodio de violencia callejera, la Ertzaintza inauguró un nuevo método para descubrir la identidad de los cabecillas más violentos de las algaradas. Hasta ese instante únicamente las cámaras de seguridad, las declaraciones de testigos o la presencia de agentes infiltrados podían ofrecer datos que dieran con su captura. En esta ocasión, los agentes llevaron al laboratorio forense los pasamontañas arrojados a la basura por los propios manifestantes, en un intento de extraer restos de saliva adheridos a los mismos y poder, así, comparar su ADN con el introducido en las bases de datos policiales.

Y para terminar, un caso absolutamente llamativo.

En 1994, Shirley Duguay, de 32 años de edad, desapareció misteriosamente de su casa ubicada en la isla canadiense de Príncipe Eduardo. Parecía imposible que la mujer se hubiera ausentado voluntariamente, ya que era madre de cinco hijos y nunca había dado muestras de dejadez hacia ellos.

Se inició una búsqueda que tuvo su primer fruto en el hallazgo de su automóvil abandonado en las montañas. Dentro, la Policía Montada halló restos de sangre. A las tres semanas, otra pista, una bolsa tirada en el bosque con una chaqueta de cuero también ensangrentada y algo muy curioso: 27 pelos blancos de un gato. Los análisis decretaron que la sangre pertenecía a una mujer.

Desde los primeros instantes, la Policía Montada se había centrado en el entorno de Shirley Duguay, prestando especial atención a su ex novio, Douglas Beamish. La primera pista que les hizo sentir que se encontraban en el camino correcto, fue averiguar que este hombre era dueño de un gato con un pelaje muy parecido al encontrado en la chaqueta ensangrentada.

Gracias a un mandato judicial, los agentes extrajeron varias muestras del gato, llamado Snowball, y los enviaron al Laboratorio de Diversidad Genética. El estudio del ADN presente en esos pelos coincidía con el que ya se tenía de los otros 27, demostrando que la víctima había estado en la casa de su ex novio antes de su desaparición.

Tres meses más tarde se localizaba el cadáver de Shirley Duguay, y Douglas Beamish era formalmente acusado de asesinato. En el posterior juicio, los pelos del gato se convirtieron en la prueba trascendental que logró su ingreso en prisión.

FUTURO ESPERANZADOR

Mientras preparaba este capítulo sabía de un curioso experimento que están intentando llevar a cabo en la Universidad de Tennessee, en Estados Unidos. Allí, un equipo multidisciplinar de biólogos y entomólogos forenses ha ideado un método para extraer el ADN humano del interior de los insectos que se alimentan de nuestra sangre.

Las aplicaciones prácticas de tan innovadora idea son múltiples. Imaginemos, por ejemplo, a ese mosquito encontrado muerto sobre el cuerpo de una víctima. Quizá esté allí tras haber picado al asesino, en cuyo caso su ADN permanecerá en su diminuto estómago, esperando a que alguien lo extraiga para ser analizado.

¿Imposible? ¿Ilógico? Creo que a estas alturas del libro ya sabemos cuál es la respuesta.

El ADN y el cine

Resulta curioso observar de qué forma el cine refleja en la gran pantalla las inquietudes y avances de la sociedad. Cuando nos acercábamos al fin del milenio y las televisiones no paraban de hablar de vaticinios y profecías, ahí encontrábamos películas como *El fin de los días* (Peter Hyams, 1999) o *La bendición* (Chuck Russell, 2000), con argumentos hilarantes, pero coherentes con el momento que la humanidad estaba viviendo.

Cuando salieron a la luz datos sobre diversos meteoritos que podrían chocar contra nosotros en un futuro no muy lejano, asistimos al estreno casi simultáneo de *Armageddon* (Michael Bay, 1998) y *Deep impact* (Mimi Leder, 1998), dos películas con amplísimo presupuesto que no hicieron sino incrementar la inquietud ya existente. Y así podría continuar con otros temas como la guerra del Golfo, las mujeres asesinadas en Ciudad Juárez.

La revolución del ADN y el descubrimiento de la secuencia del genoma humano no han sido ajenos al mundo del celuloide, aunque con una salvedad. En esta ocasión Hollywood se ha interesado por su lado más atractivo, pero también el más fantasioso: la alteración genética.

Aún hoy es difícil encontrar una película policíaca en la que estén presentes las pruebas de ADN para resolver un crimen, seguramente porque su efectividad es tan alta que la trama del filme se cortaría instantáneamente. Ya estoy imaginando la escena. La película comienza con un asesinato. La policía acude al lugar y localiza restos de sangre o de saliva sobre el cuerpo de la víctima. Los lleva a analizar y ¡ya está, tenemos al criminal! Se cierra el telón.

La isla del doctor Moreau (Don Taylor, 1977), película basada en la novela del mismo nombre escrita por H. G. Wells, publicada en 1896.

Por supuesto las grandes productoras no pueden permitirse algo así, es necesario enrevesar algo más la historia. ¿Y qué género permite total libertad en ese sentido? La ciencia ficción, aunque en ocasiones se disfrace como género de aventuras o de terror.

Una de las primeras historias que nos hablaba de la posibilidad de alterar el ADN era *La isla del doctor Moreau* (Don Taylor, 1977), en la que un científico bastante desquiciado experimentaba con todo ser viviente, realizando cruces imposibles y logrando aberraciones totalmente antinaturales.

También *Resident evil* (Paul Anderson, 2002), en todas sus secuelas, y *El hombre sin sombra* (Paul Verhoeven, 2000) se centraban en la modificación de la estructura celular humana, siempre con fines horribles, como parece gustarles reflejar a los guionistas de Hollywood.

Pero son las películas de superhéroes las que con mayor acierto han utilizado este recurso. Eso sí, confundiendo ADN con estructura celular. Un error imperdonable para el mundo científico, pero pasable para los aficionados al género. *Spiderman* (San Raimi, 2002), *Hulk* (Ang Lee, 2003), *Los 4 fantásticos* (Tim Story, 2005), todos son el resultado de algún tipo de mutación que les infiere poderes sobrehumanos para beneficio de la humanidad. Solamente uno de ellos nace con esas habilidades innatas: Superman. Nombre algo extraño, ya que el personaje no nació en el planeta Tierra, tampoco descendía de humanos y mucho menos sus habilidades eran propias de nuestra raza. Pero esa es otra historia.

6

DACTILOSCOPIA

Más que una mancha de grasa

Mucho se está debatiendo sobre si la identificación a través de las muestras de ADN eclipsará de forma definitiva a la dactiloscopia, hasta relegarla finalmente al olvido. La atención que los medios de comunicación le están prestando así parece confirmarlo, pero es una apreciación errónea. La dactiloscopia goza de una muy envidiable salud y nada apunta a que su empleo esté cayendo en intensidad, no al menos a corto ni a medio plazo.

Por poner un ejemplo, hasta marzo de 2000 el departamento de policía de la ciudad de Nueva York logró la identificación de 200 sospechosos gracias a la técnica del ADN, mientras que solo durante 1999, la dactiloscopia facilitó 1 117 identificaciones a partir de las huellas dactilares dejadas en diversas escenas.

Y no únicamente eso. Como cita el experto Colin Beavan, «la base de datos de ADN estadounidense solo recibe unas 2 000 peticiones anuales de identificación de pruebas, pero el nuevo Sistema Automático Integrado de Identificación Dactilar del FBI resuelve al año 85 000 consultas».

¿Dónde reside este éxito? Primeramente, en la necesidad humana de tocar todo lo que nos rodea. Cada vez que posamos los dedos sobre una superficie debemos pensar que estamos dejando nuestras huellas en ella y ¿cuántas veces al día realizamos esa misma operación? Miles.

Además, las modernas técnicas químicas permiten extraer esas huellas de casi cualquier superficie, incluso el uso de guantes ya no es una garantía de éxito para los criminales. Ni siquiera los muertos se escapan a su eficacia. Hasta hace pocos años se pensaba que era imposible extraer las huellas de cadáveres en descomposición, pero un procedimiento basado en el empleo del suavizante común ha demostrado lo contrario.

Y si a todo esto le añadimos el desarrollo de potentísimos ordenadores, con millones de huellas dactilares almacenadas en su memoria y la posibilidad de cotejar dos de ellas en una fracción de segundos, percibiremos que a la dactiloscopia aún le quedan bastantes décadas de feliz funcionamiento.

Los hermanos Stratton

Para encontrar los orígenes de la dactiloscopia como método de identificación debemos remontarnos al 2000 a. C., a la antigua Babilonia, donde las autoridades ya usaban la plasmación de las huellas como modo de formalizar contratos, método que popularizarían los chinos algo después, en el 600 a. C.

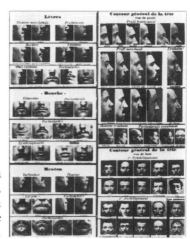

Ejemplo del sistema antropométrico de Bertillon, el método de identificación más utilizado antes de la llegada de la dactiloscopia.

Estos antecedentes fueron bien conocidos por una serie de expertos que, durante el siglo XIX, percibieron la necesidad de contar con un sistema científico y eficaz que permitiese a la policía identificar rápidamente a los sospechosos de un crimen.

Hasta ese instante el procedimiento más común se basaba en la antropometría proclamada por el criminólogo Bertillon. Cuando una persona entraba detenida en comisaría, se le medían partes determinadas del cuerpo, como el diámetro de la cabeza o la altura, para elaborar una ficha y, de ese modo, poder reconocerlo en el caso de que fuera nuevamente apresado. Por supuesto, era un método que adolecía de múltiples fallos e imprecisiones y que en modo alguno solucionaba definitivamente el problema de la reincidencia criminal.

Pero todo estaba a punto de cambiar. En octubre de 1880 la revista *Nature* publicó un artículo en el que se proponía el empleo de la dactiloscopia como método de identificación humana. Su autor se llamaba Henry

Henry Faulds,
uno de los padres
de la dactiloscopia.

Faulds, un desconocido médico escocés que trabajaba en Japón dentro del grupo que en aquel entonces se conocía como *de las misiones*.

Las tesis de Faulds eran casi las mismas que se aplican hoy día, por lo que su nombre debe ser considerado como el padre de la dactiloscopia. Pese a ello, Scotland Yard hizo caso omiso a la propuesta, tachando a Faulds de loco y excéntrico.

Lo que no sabían es que Faulds, además de visionario, era un hombre tremendamente perseverante, y así lo demostraría durante los siguientes diez años.

La suerte hizo que un mes después de la publicación del artículo de Faulds, otro semejante viera la luz en la misma revista. En esta ocasión su autor fue Willian Herschel, un juez británico destinado en Bengala que respondía a Faulds informándole de que él mismo aplicaba el uso de las huellas dactilares para identificar a los demandantes indios de pensiones. Tal práctica le había demostrado que no solo esas huellas eran únicas en cada persona, sino también que no se modificaban con la edad.

Mas Scotland Yard siguió haciendo caso omiso. Debería ser el interés de otro hombre, Francis Galton, lo que les sacara de la oscuridad. Galton era primo de Charles Darwin, y llegó a la dactiloscopia de forma accidental. El trabajo de su vida consistía en buscar la forma de mejorar la raza humana mediante la selección natural, y creyó ver en las crestas y surcos dactilares un lenguaje que le desvelaba las aptitudes mentales y físicas de sus propietarios y, así, su idoneidad como procreadores.

Los estudios de Galton despertaron la curiosidad del inspector jefe de la policía de Bengala, Edward Henry. Junto a su ayudante, Azizul Haque, desarrolló un sistema de clasificación que ordenaba las huellas recopiladas siguiendo un modelo lógico a partir de los dibujos de las crestas. El sistema disminuía tremendamente el tiempo que un agente debía pasar cotejando una huella con otra almacenada. Ya no hacía falta revisar el archivo de principio a fin, bastaba con acudir al punto señalado por la cresta.

Con el tiempo, su sistema obtuvo importantes éxitos y Edward Henry fue llamado desde Londres para que se ocupara del Departamento de Huellas Dactilares que Scotland Yard acababa de aprobar. El éxito fue inmediato y solo en su primer año de funcionamiento logró desenmascarar los seudónimos de 632 delincuentes habituales. En 1905 se le ascendería a comisario, dejando el departamento en manos de otras personas.

Sin embargo, la dactiloscopia aún debía pasar una última prueba de fuego: lograr la condena de un sospechoso. Porque una cosa era que una huella desvelara la identidad de un detenido y otra muy distinta que esa misma huella provocara su condena a morir en la horca.

La ocasión se presentaría en ese mismo 1905, durante el juicio desarrollado a los hermanos Stratton, acusados de un doble asesinato cometido en la tienda londinense Óleos y Pigmentos Chapman, al que los periódicos del momento bautizaron como «la espeluznante tragedia de Deptford».

El comercio era propiedad del matrimonio Thomas y Ann Farrow, dos ancianos de 71 y 65 años de edad respectivamente. Una de las mañanas, el empleado del local, William Jones, acudió a su puesto como siempre hacía en torno a las siete y media de la mañana. El primer detalle que despertó su extrañeza fue encontrarse con la puerta cerrada. El señor Farrow siempre se levantaba temprano y se la dejaba abierta esperando su llegada, pero esa mañana no fue así.

Intrigado, William miró por la ranura del buzón de la puerta, y observó una gran tumbona tirada por el suelo en uno de los extremos de la tienda. Ese detalle, más el recordatorio de que era lunes y, por tanto, día de ir al banco con el dinero de la caja, le puso en alerta. Raudo buscó ayuda. Por una puerta trasera logró entrar en compañía de unos amigos, y así fue como encontró el cuerpo ya sin vida de Thomas Farrow bajo la tumbona caída. El, o los agresores, le habían destrozado la cabeza a golpes, y una enorme mancha de sangre cubría el suelo colindante.

Cuando los agentes de Scotland Yard acudieron al lugar, localizaron el cuerpo de Ann Farrow en el piso superior. Aunque aún estaba viva, la gravedad de las heridas infligidas en su cráneo acabaría ocasionándole la muerte pocas horas después.

Sir Melville Macnaghten. Su apoyo a la incipiente dactiloscopia fue fundamental para el desarrollo de esta disciplina.

Del caso se encargó personalmente el subcomisario y jefe del Departamento de Investigación Criminal, Melville Macnaghten, un hombre bajo, con bigote, siempre acicalado y encaminado a convertirse en una leyenda viva dentro del cuerpo. Su ingreso en Scotland Yard se produjo apenas un año después de los tristes acontecimientos de Whitechapel, en los que un asesino en serie apodado Jack el Destripador sembró el pánico en la sociedad londinense.

Macnaghten aún recordaba ese temor en las caras de los viandantes y no estaba dispuesto a permitir que algo semejante volviera a repetirse. De hecho, se cuenta que sobre su escritorio siempre reposaban las fotos de las víctimas de Jack, para recordarle que ni un solo caso más se cerraría con la etiqueta de «no resuelto».

Después de muchos interrogatorios, algunos testigos afirmaron haber visto cómo salían de la tienda dos conocidos de la policía, los hermanos Stratton. Parecía, por tanto, que el asunto se resolvería rápida y limpia-

Fotografía de la última de las víctimas de Jack el Destripador,
Mary Kelly. Henry Macnaghten siempre la tenía
presente sobre su escritorio.

mente, pero en la rueda de reconocimiento ninguno de los testigos señaló a los Stratton.

No pasaba nada, Macnaghten guardaba un as en la manga. Durante la inspección del local, uno de los agentes localizó la bandejita de la caja de caudales asaltada con una huella dactilar claramente visible sobre ella. La bandeja llegó intacta al despacho del detective-inspector Collins, sucesor de Edward Henry al frente del Departamento de Huellas Dactilares de Scotland Yard.

Con una lupa, Collins había estudiado las marcas de la huella, dejada por las más de tres mil glándulas sudoríparas que los dedos de las manos y los pies poseen por centímetro cuadrado. Después la cotejó con todas las recogidas en su archivo, con las del matrimonio Farrow y con las del único agente que tocó la bandeja, y concluyó que pertenecía a alguien desconocido.

Por eso, cuando la rueda de reconocimiento fracasó, Macnaghten acudió nuevamente a Collins para que comparara la huella encontrada con la de los dos detenidos y, esta vez sí, coincidía con la de uno de ellos.

No sin problemas, Macnaghten consiguió que se abriera un juicio contra ambos acusados, en el que la huella dactilar era la única prueba sólida con la que contaba la policía. A las reticencias del jurado y del abogado defensor, se unió la voz tremendamente crítica de Henry Faulds quien, a pesar de ser el padre de la dactiloscopia, se colocó en el bando de los acusados. Su espíritu aún recordaba los desaires recibidos desde Scotland Yard, cuando apenas diez años antes les conminaba a que adoptaran su novedoso método de identificación por huellas.

Para no alargar en demasía el relato, finalizaré diciendo que la huella recogida en la bandeja se aprobó como prueba de cargo, siendo determinante para que el jurado popular declarara a los Stratton culpables del doble asesinato. Diecinueve días después de empezado el juicio, el 23 de mayo de 1905, eran ahorcados hasta morir.

Con este caso la dactiloscopia obtuvo la aprobación pública y la judicial. Y tanto fue el miedo generado entre los bajos fondos londinenses que Scotland Yard observó con asombro cómo algunos delincuentes reincidentes ya empezaban a rasparse las yemas de los dedos para borrar las huellas, sin saber, eso sí, que estas resurgen al poco tiempo.

Lo que ninguno de los protagonistas de este episodio conocía era que la dactiloscopia ya había servido para resolver un caso criminal en el otro extremo del mundo, en Argentina. Un episodio que muchas veces pasa como incidente menor, pero que realmente gana al juicio de los Stratton en el tiempo.

Es la noche del 29 de junio de 1892, y en un pueblo pequeño de la costa argentina llamado Necochea, a 400 kilómetros de Buenos Aires, una mujer llamada Francisca Rojas sale corriendo de su casa enloquecida. Los vecinos la escuchan pedir auxilio y gritar entre sollozos que sus dos hijos, de seis y cuatro años de edad respectivamente, están muertos.

Efectivamente, cuando la policía entra en la vivienda se topa con los dos cuerpecitos tendidos en la cama, muertos, con los cráneos aplastados. Como Francisca es madre soltera se convierte inmediatamente en la principal sospechosa. El caso da un giro sorprendente cuando esta acusa a un pretendiente despechado llamado Velásquez, sobre el que asegura vio salir corriendo de su casa en la noche de autos.

El pobre Velásquez es llevado a los calabozos y sometido a un fuerte interrogatorio acompañado de torturas. No confiesa. Se le encierra durante una noche junto al cuerpo de los dos niños para provocarle remordimientos. Tampoco confiesa.

Y digo pobre porque entonces los agentes saben de la existencia de un segundo pretendiente, al que Francisca sí ama, pero con el que no puede ir a vivir por el rechazo que los niños provocan en él. Es entonces cuando el investigador encargado del caso comienza a comprender que ha sido burlado y que muy probablemente Francisca Rojas sea la asesina. La mujer ha tenido tiempo de ocultar sus huellas, deshacerse del arma del crimen y hasta de buscar una coartada.

El asunto cobra otro giro radical con la llegada a la población del inspector de policía Eduardo Álvarez. Procedente de La Plata, Álvarez comprueba lo mal

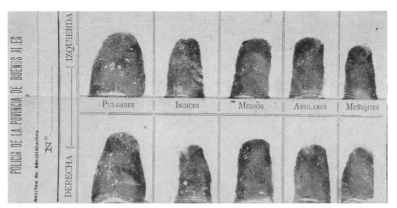

Ficha dactilar de la asesina Francisca Rojas.

llevada que ha estado la investigación y se ocupa personalmente de ella. Exonera a los dos amantes, al primero por haber estado acompañado durante la noche de los crímenes, y al segundo por encontrarse fuera del pueblo en esas mismas horas; y se centra en Francisca Rojas.

Durante una inspección en su casa descubre una mancha de sangre en la puerta de entrada dejada por un dedo pulgar. Con cuidado corta el pedazo de madera. Álvarez sabe por el jefe de la Oficina de Identificación y de la Oficina de Estadística de La Plata, Juan Vucetich, de un revolucionario método de identificación basado en las huellas dactilares.

Vucetich, un inmigrante procedente de la antigua Dalmacia, relataba a quien quisiera oírle que el método esgrimido por Bertillon estaba condenado a la extinción, y que el futuro pasaba por la dactiloscopia. Así lo había leído en un libro que marcaría para siempre su carrera en la policía, *Huellas dactilares,* escrito por Sir Francis Galton y publicado en 1892.

163

Carnet de identificación de Juan Vucetich.

El inspector Eduardo Álvarez nunca ha intentado comprobar tales tesis, pero piensa que quizá ese sea el momento. Ordena a la señora Rojas que imprima sus huellas en un tampón y las compara con las del trozo de madera. Coincide la del pulgar derecho.

Tan solo ese detalle basta para que la mujer confiese su crimen. Un crimen cometido por amor mal entendido hacia quien nunca le querría mientras no se deshiciera de los niños. Álvarez está exultante. No se olvida de escribir a su compañero y amigo Juan Vucetich relatándole los pormenores del caso y animándole a que prosiga con sus estudios sobre dactiloscopia. Su respuesta no se hace esperar: «Casi no me lo puedo creer, pero el caso ha probado mi teoría. Ahora tengo un as en mi juego y espero tener más».

TIPOS DE HUELLAS

En buena medida, el gran éxito profesional de la dactiloscopia radica en su sencillez. Todo parte de una reacción físico-química originada en nuestro propio organismo. La piel humana posee millones de glándulas sudoríparas y sebáceas que sirven para emitir sudor, una forma de regular la temperatura interna del cuerpo y mantener los 36 °C imprescindibles para el correcto funcionamiento de los órganos.

Esa presencia de glándulas es aún mayor en las palmas de las manos y de los pies, con especial concentración en las yemas de los dedos. Además de para regular la temperatura, la sudoración también sirve para mantener la hidratación corporal, evitando que la piel se cuartee. Lo que sucede es que en este caso la sudoración es tan mínima que apenas la percibimos, pero lo suficientemente intensa como para permitir que las yemas de los dedos dejen su impronta en cualquier superficie que toquen.

Porque, no lo olvidemos, cada vez que tocamos una superficie con las yemas, habremos dejado nuestras huellas allí. Otra cosa es que no las veamos.

De hecho, existen tres tipos básicos de huellas: latentes, visibles y moldeadas. Las primeras son las invisibles al ojo humano y son las más comunes. Nuestros hogares, lugares de trabajo, medios de transporte, marquesinas, latas de refresco usadas... absolutamente todo está plagado de ellas.

Las visibles son aquellas observables a simple vista, como las dejadas en un cristal o en la pantalla de un ordenador, pero también las que se plasman por habernos manchado los dedos de sangre, chocolate, tinta o cualquier otra sustancia susceptible de ser transmitida a una superficie. Este tipo de huellas son las más longevas de todas, dependiendo del tipo de sustancia con las que se crearon, por supuesto. Algunas tumbas de miles de años de antigüedad aún las conservan, al igual que ciertas pinturas rupestres. Gracias a una de ellas, el inspector argentino Eduardo Álvarez desveló la culpabilidad de Francisca Rojas en el asesinato de sus hijos, como acabamos de ver.

Y por último las moldeadas, la categoría menos frecuente. Se producen cuando alguien aplica sus yemas en materiales como la arcilla, la mantequilla o el jabón.

Es tarea de los expertos forenses recuperar las huellas dactilares de la escena de un crimen. Hoy, las modernas técnicas de recuperación pueden extraerlas de casi cualquier superficie. La más conocida y empleada es la del empolvado. Con brochas de pelo suave se aplica sobre la superficie deseada un compuesto semejante al aluminio molido, que se adhiere a las líneas grasas dejadas por nuestra piel, realzando la huella a nuestra vista.

Dependiendo de la tonalidad del material, se emplea un polvo de un color más claro o más oscuro. Una vez la huella se hace visible, se aplica sobre la misma una cinta adhesiva de pegado débil, montada sobre una lámina de acetato. Es lo que en criminalística se denomina «alzado» de la huella. Así, ya la tenemos recuperada para poder transportarla hasta el laboratorio.

Por el contrario, si la huella se encuentra en superficies porosas, como el papel o el cartón, el procedimiento varía, ya que en esos casos el material sobre el que se asienta ha absorbido la huella en sí. Aquí los polvos comunes no sirven de mucho, y sí un tipo especial magnetizado. También reactivos químicos como la ninhidrina y el DFO, provocando una reacción con los elementos presentes en el sudor, que hacen que la huella brille al ser expuesta a una luz láser o a otra verdeazulada.

Existen multitud de técnicas, dependiendo de la superficie que se quiera examinar, pero lo importante es lo antes comentado, que casi ningún material se resiste a los expertos criminalistas, ni siquiera el plástico flexible, como el de las bolsas que nos dan en los hipermercados. Tampoco aquellas superficies sumergidas en agua, sobre las que se fumiga vapor de yodo que tinta las huellas de un color marrón.

Uno de los mitos más extendidos asegura que el uso de guantes en los delitos impide dejar huellas dactilares, pero a esto se le podrían poner múltiples objeciones. En primer lugar, no todos los criminales son expertos en su manejo. Al privar de tacto y destreza, algunos delincuentes se los guardan en los bolsillos cuando deben abrir puertas, subir escaleras, trepar muros o, como dice Colin Beavan en su libro *Huellas dactilares*, «tirar de la cadena cuando van al baño». Yo no tengo constancia de que se haya capturado a un criminal por las huellas dejadas en una cadena del váter, pero es de suponer que si él lo cita, algún caso semejante se ha producido.

Tampoco me extrañaría. El descuido de los criminales ha provocado casos insólitos. En 1962, dos ladrones de arte fueron detenidos después de haber sustraído de una galería en Londres cuadros de Matisse, Renoir, Degas y Picasso; simplemente porque dejaron en una basura cercana la caja de los guantes que emplearon, por supuesto, con sus huellas impresas en la misma.

Y por si esto fuera poco, los propios guantes son susceptibles de dejar sus propias marcas. Cuanto más nuevos sean menos marcas dejarán, pero los desgarros o manchas presentes en ellos se transmitirán a la superficie que toquen, permitiendo ser rastreados.

Una vez se hayan extraído todas las huellas posibles en el lugar de un crimen, se hará lo mismo con las personas implicadas en la investigación. De este modo, y ya en el laboratorio, se irán excluyendo las conocidas de las no conocidas. Ni siquiera los cadáveres se escapan a esta obligación. Extraerlas de un cuerpo que lleve algunas horas muerto es relativamente sencillo. La dificultad surge cuando aún no hay señales de rígor mortis o si ya hay signos evidentes de putrefacción. En esos supuestos, la piel del cadáver se trata con una solución de suavizante para rehidratar los tejidos y provocar el resurgimiento de las crestas en las yemas.

Si el cuerpo se ha despellejado, lo que sucede cuando están mucho tiempo a la intemperie o sumergidos, los investigadores rodean sus propios dedos con la piel desprendida del cadáver para imprimir posibles huellas.

Todo en pos de la verdad y de la justicia.

La siguiente fase transcurre enteramente en el laboratorio forense. Allí, cada huella es estudiada individualmente. Si nos fijamos detenidamente en nuestras yemas de los dedos, observaremos que esas huellas se forman por una suma de crestas y surcos, lo que se conoce como dactilograma. A simple vista no son más que unas líneas que siguen una forma caprichosa, originando estructuras a semejanza de presas, arcos o remolinos concéntricos.

Esas formas es lo que estudian los expertos en dactiloscopia. Comparan sus puntos inicial y terminal, y dónde se unen o dividen, lo que en España se conoce como «delta». También examinan detenidamente las posiciones de las crestas cortas y los puntos, cualquier zona cerrada y, en definitiva, todo elemento importante, como posibles cicatrices o anomalías.

Más tarde, esos puntos se cotejarán con el resto de huellas recogidas y con las archivadas en las bases informáticas de datos criminales buscando coincidencias.

Estas bases han constituido la gran revolución dentro del mundo de la dactiloscopia. En sus comienzos era tarea de los operarios e investigadores cotejar la huella recogida en la escena con todas las almacenadas, lo que se hacía una a una. Horas interminables que se sucedían caso tras caso. Después llegaría el llamado «sistema de clasificación de Henry», que acotaba la búsqueda y desde hace algunas décadas los modernos ordenadores.

Hoy ya ni siquiera es necesario entintar las yemas de los dedos para plasmar las huellas en papel. Gracias a la electrónica, basta con pasar el dedo por un diminuto escáner para que nuestras huellas sean directamente registradas en el ordenador.

Atrás quedaron pesadas investigaciones como la mantenida en 1948 a raíz de la desaparición de una niña de tres años de su cama en el hospital inglés de Blackburn. June Devaney, este era su nombre, aparecería dos horas después muerta en las inmediaciones.

Raudos, los agentes encargados del caso buscaron huellas en la habitación de la niña, y encontraron una dejada en un frasco de cristal que no coincidía con las de los doctores y enfermeras que la habían atendido. Como tampoco pertenecía a ningún criminal fichado, se procedió a imprimir las huellas de todos los varones censados de Blackburn, en total, más de 40 000 personas. Tampoco hubo suerte.

Sin embargo, la huella era la única prueba sólida con la que contaban, por lo que a uno de los inspectores se le ocurrió acudir a otro grupo social, el de las personas inscritas como no votantes, unas 200. Fue así cómo identificaron a Peter Griffiths, ex soldado de 22 años que terminó confesando el crimen y muriendo en la horca el 19 de noviembre de ese 1948.

Otogramas y dentaduras

Además de las huellas dactilares, existen otras partes del cuerpo susceptibles de servir como identificación por su carácter exclusivo y modificación casi imposible por medios naturales. ¿Quién no recuerda la imagen tan cinematográfica de un banco o entidad secreta exigiendo el escaneo de una retina para permitir a su portador el paso? Su uso no está aún muy extendido por ser una tecnología excesivamente costosa, pero el tiempo nos dirá si terminará implantándose a gran escala.

También las huellas de las yemas presentes en los dedos de los pies son únicas, y la propia silueta del pie. Aunque quizá la parte más sorprendente que haya servido para atrapar a un criminal sea la huella de aquella oreja que se quedó impresa en una puerta.

A estas huellas de orejas, que cuentan ya con expertos a nivel mundial, se las conoce como otogramas. En España empezaron a ser famosas gracias al robo que se produjo el 15 de diciembre del año 2000 en el número 9 de la plaza palentina de Cervantes.

A la propietaria del inmueble, Jacinta Martín, le sustrajeron pulseras, pendientes, anillos, cadenas, y otros elementos igual de valiosos, alcanzando un valor en conjunto de 250 000 pesetas.

En un comienzo el asunto fue recibido con pesimismo por los investigadores. Los ladrones habían destrozado la puerta, pero no habían dejado huellas. Era evidente que utilizaron guantes en el atraco, como la inmensa mayoría de los asaltadores de viviendas. Con lo que no contaban es con que a uno de los agentes, el inspector jefe de la Brigada Provincial de Policía Científica de Palencia, Miguel Ángel del Diego, se le ocurriría una idea bastante atípica hasta ese instante: buscar huellas de orejas en la puerta destrozada.

Cuando un ladrón va a penetrar en una vivienda, apoya su oreja contra la puerta buscando algún sonido que le alerte sobre la presencia de posibles inquilinos. El mismo proceder que seguía una banda de atracadores formada por 13 rumanos que sembró el miedo durante agosto de 2000 en Santander. La ola de robos a la que sometieron a la ciudad se cortó radicalmente cuando fueron detenidos gracias a las huellas de sus orejas, dejadas en las puertas de varios domicilios.

Así, el inspector jefe del Diego contaba con un importante precedente para convencer a sus compañeros sobre la idoneidad de tan atípica prueba. Una vez aplicados los reactivos correspondientes, extrajo una impresión del otograma plasmado en la puerta y comenzó el proceso de cotejamiento. La fortuna hizo que tres colombianos hubieran sido detenidos por diversos robos en domicilios dentro del área de Valladolid.

Cuando del Diego comparó el otograma recogido en la puerta con la huella dejada en un cristal por la oreja de uno de ellos, observó que ambos encajaban perfectamente. El otograma fue admitido por el juez de instrucción. Se inició más tarde un juicio que llevaría a una condena de dos años y seis meses de prisión para cada uno de los tres procesados.

Aunque pueda parecer un proceder marginal, solo en Palencia se cuenta ya con una base de datos compuesta por más de 500 otogramas, y varios casos resueltos por esta técnica se han contabilizado ya en Lérida, Burgos, Gijón, Orense…

A nivel internacional el principal experto es el holandés Cornelius Van der Lugt, especialista en inspecciones oculares y profesor del Instituto de Investigación Criminal y Ciencia del Crimen de Holanda, cuyo primer caso resuelto por este procedimiento data de 1965.

A la par que los otogramas, también las huellas dentales son únicas. No me refiero a las radiografías dentales, sino a las marcas dejadas por una mordedura, que pueden encuadrarse como huellas moldeables.

Que estas marcas posean valor identificativo dependerá en buena medida de sus características individuales, como un diente torcido, la falta de alguna pieza o hechos similares. Para emparejar marca y sospechoso se documenta previamente la primera, fotografiándola y conservando el lugar en el que fue hallada. Después debe obtenerse un registro dental del sospechoso, lo que se consigue haciéndole morder un molde donde queden plasmadas todas las piezas dentales con su grosor, longitud y forma. Y ya solo quedará cotejar ambas muestras.

Quizá el suceso más ilustrativo de esta modalidad sea aquel en el que un grupo de miembros del IRA asesinaron a tiros a un chico llamado Billy Craig y a su padre. En el lugar únicamente dejaron los cartuchos de los disparos y una manzana a medio comer. Enviada la pieza de fruta a un famoso profesor de ortodoncia, este diagnosticó que el asesino debía ser larguirucho, estrecho de hombros y con una cara larga y afilada. También aseguró que su nariz sería grande, la frente alta y que tendría dificultades respiratorias.

Basó todas sus predicciones en que la mordedura mostraba una severa anomalía dental. Datos que fueron corroborados cuando se detuvo al sospechoso, confirmando, además, que su dentadura encajaba a la perfección con la mordedura dejada en la manzana.

Una vez llegados a este punto, una pregunta debe asaltar nuestro espíritu crítico. ¿Sería posible que dos personas compartieran las mismas huellas dactilares? Porque de ser así, entonces alguien podría ser condenado por algún delito que no ha cometido.

Esta pregunta ya se la formularon los pioneros de la dactiloscopia, preocupados porque la técnica sobre la que trabajaban fuera lo más perfecta y científica posible. Y la respuesta es que hasta el momento no se han encontrado dos huellas iguales. Ni siquiera entre personas procedentes de épocas y países diferentes.

Esto no quiere decir que se haya contestado negativamente a la pregunta, ya que para hacerlo deberíamos recoger todas las huellas dactilares de todos los seres humanos que han habitado este planeta nuestro. Solo de ese modo alcanzaríamos la certeza absoluta, aunque los más optimistas aseguran que jamás habrá dos huellas idénticas, por el simple hecho de que tampoco existen dos flores o dos árboles iguales.

Pero… ¿estamos también seguros de esa segunda afirmación?

LA DACTILOSCOPIA EN EL CINE

La obsesión por identificar al sospechoso es una de las bases imprescindibles en las películas de suspense. Más allá del cómo se hizo o del porqué, las grandes historias siempre mantienen la intriga en torno al quién.

Sin embargo, la dactiloscopia apenas ha tenido eco en estas historias, exceptuando aquellas películas que siguen escrupulosamente los episodios en los que se basan. El célebre cartel de «basada en hechos reales». A este respecto merece la pena destacar *Zodiac* (David Fincher, 2007), película que recrea las andanzas del misterioso criminal en serie que aterrorizó a las poblaciones del área de San Francisco durante las décadas de los 60 y 70.

De él poco se supo, ni siquiera el número de sus víctimas, ya que el criminal aparecía y desaparecía a lo largo del tiempo sin un patrón aún demostrado. Su identidad continúa siendo un misterio, aunque sí se conserva la huella de una bota militar dejada en una de las escenas de los crímenes.

Y es que los criminales de ficción se han vuelto tremendamente cautelosos en eso de dejar huellas dactilares, como el psicópata secuestrador de *La hora de la*

Zodiac (David Fincher, 2007) recrea las andanzas del criminal en serie que aterrorizó a varias poblaciones de San Francisco durante las décadas de los 60 y 70.

araña (Lee Tamahori, 2001), que oculta sus huellas tapándose las yemas de los dedos con un plástico extrafino y adherente. Por ello, ya son muy pocas las películas que emplean este recurso, y se prefieren otros más impactantes, como el uso del análisis de retina en *Misión imposible* (Brian de Palma, 1995) o el escaneo de una mano completa en *El caso Bourne* (Doug Liman, 2002).

Por esta razón, quizá sean las películas ambientadas en la época anterior a la dactiloscopia las que guardan mayor encanto. Para mí al menos es un placer verlas, porque siempre tengo el mismo pensamiento, que es más o menos el siguiente: «Sí, sí, ya verías tú si vivieses en nuestros días. Tan tranquilo no ibas a estar».

De entre esas películas destaco dos filmes: *Asesinato por decreto* (Bob Clark, 1978) y *From hell* (Albert y Allen Hughes, 2001), ambas dedicadas a la figura de uno de los criminales más misteriosos de todos los tiempos, Jack el Destripador.

En otras ocasiones la dactiloscopia es utilizada como un recurso dramático que usado con habilidad puede aportar grandes dosis de suspense al filme, como sucede en *Jennifer 8* (Bruce Robinson, 1992), una buena historia detectivesca iniciada con unas crestas dactilares casi borradas en la mano de un difunto. Después, será una testigo ciega la que guíe los pasos de un incomprendido detective interpretado por Andy García.

Respecto a las series de televisión, la dactiloscopia se vio reconocida con aquel título tan conocido de *La huella del crimen* (Pedro Costa, 1985), que ha vuelto a la parrilla de programación con nuevos episodios. Su carátula de entrada era, precisamente, una huella dactilar. En sus más de 20 capítulos, este tipo de pruebas sirvieron para encausar a criminales de toda índole, incluidas amas de casa y ancianos aparentemente inofensivos.

Era así porque, como ya se ha dicho, la inspiración para la serie la formaban casos reales sucedidos en España. Y es que, como suele resaltarse, la realidad supera en numerosas ocasiones a la ficción; al menos sí en lo referente al mundo del crimen.

7

ENTOMOLOGÍA FORENSE

Cuando los insectos resuelven crímenes

Con este capítulo nos adentramos en uno de los mundos más fascinantes de la investigación criminal, la entomología forense o, dicho de otro modo, el uso de los insectos en la resolución de casos criminales.

Pese a que para la inmensa mayoría de la población estos diminutos seres no sean más que criaturas molestas, la vida en la Tierra no sería posible sin su existencia. El gran Einstein llegó a decir que si las abejas desaparecieran, a la humanidad apenas le quedarían un par de años de futuro. Y lo mismo podría decirse de otras especies semejantes como las avispas, los arácnidos y otros artrópodos.

Gracias a ellos las flores polinizan, las aves y los reptiles menores se alimentan y los cadáveres no se amontonan en los prados y ríos. Pero hay algo más, gracias a ellos también algunos criminales muy peligrosos hoy descansan entre rejas.

La primera persona que intuyó su uso en la resolución de los delitos fue el detective chino Sung Ts'u,

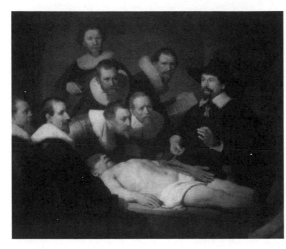

Hasta hace muy poco la descomposición humana era una gran desconocida para la ciencia. Cuadro de Rembrandt *Lección de anatomía.*

quien en el año 1235 escribió el libro titulado *La eliminación de errores.* Uno de sus capítulos más apasionantes relata cómo la paz de una aldea china se vio interrumpida por el asesinato de un campesino. Del caso se ocupó un juez, quien tras examinar el cuerpo observó que este presentaba múltiples y profundos cortes. Dedujo que habían sido provocados por una hoz y que, por tanto, el asesino era uno de los vecinos de la aldea.

El interrogatorio al que sometió a cada uno de los habitantes resultó infructuoso y el registro de las casas tampoco fue aclaratorio. Pero el juez era una persona ingeniosa y se le ocurrió congregar a todos los hombres en la plaza, cada uno con su propia hoz. Cuando estuvieron reunidos les ordenó levantar la hoz en alto y permanecer así por espacio de varios minutos.

Era un día soleado de verano, así que las moscas no tardaron mucho en posarse sobre una de las hoces. Cuando el juez la examinó, observó que esta aún tenía restos de sangre y de tejidos adheridos a la hoja y al mango. Ante semejante prueba, el aldeano no tuvo más remedio que confesar.

Este episodio supone el primer caso conocido en el que los insectos ayudaron a resolver un crimen, una ciencia que hoy recibe el nombre de entomología forense y cuyos expertos han debido luchar con perseverancia para que se reconociera su valor. Nada menos que 600 años, los que pasaron desde el episodio ahora descrito hasta el año 1855, cuando, durante la restauración de una casa en las afueras de París, se halló el cuerpo momificado de un bebé tras una chimenea. Los primeros sospechosos fueron los inquilinos de la casa, pero la autopsia realizada por el doctor Bergeret d'Arbois demostró que el fallecimiento se había producido casi diez años antes, en 1848. D'Arbois llegó a tal conclusión tras observar la serie de insectos que habían ido anidando en el cadáver y los restos depositados en él.

La policía quedó convencida por las pruebas aportadas, se detuvo a los moradores de la vivienda en aquel 1848 y fueron acusados de asesinato. Pero la entomología forense aún debería pasar por muchas más pruebas, hasta que en la década de 1930 la policía comenzara a fijarse en ella con verdadero interés.

Lo hizo gracias a la perseverancia de Bernard Greenberg, profesor de biología en la Universidad de Illinois y considerado como el padre de la entomología forense. Durante años fue el único experto en la materia que trabajó con la policía de Estados Unidos, demostrando que los insectos tenían mucho que decir en las escenas de los crímenes.

Hoy, la labor principal de estos profesionales es calcular el tiempo que ha transcurrido desde que alguien fallece hasta que se encuentra su cadáver, lo que en el argot se denomina intervalo post mórtem. De este modo se podrá concretar el momento exacto del fallecimiento.

Y, ¿por qué se consulta a los entomólogos forenses sobre este dato en lugar de hacerlo a un simple médico forense? Pues porque, como en el caso de los antropólogos forenses, en muchas ocasiones los cuerpos hallados están tan deteriorados que ninguna autopsia puede aportar datos fiables sobre su hora de fallecimiento, a lo sumo un momento estimado en días, siendo aquí el instante en el que el valor de los insectos se muestra en todo su esplendor.

Desde el segundo siguiente al fallecimiento de una persona, se inicia un proceso de descomposición en el que artrópodos, invertebrados e insectos varios tienen mucho que decir.

Todos estos animales pueden clasificarse en dos tipologías bien diferenciadas: los que surgen de nuestro propio organismo —como algunos tipos de gusanos— y los que llegan desde el exterior.

El reputado antropólogo forense estadounidense y catedrático del departamento de Ciencia Forense de la Universidad Chaminade de Honolulú, Madison Lee Goff, compara el cuerpo humano con una isla que acaba de emerger del océano. «Un cuerpo en descomposición espera, al igual que la isla, ser colonizado por plantas y animales», dice en su libro *El testimonio de las moscas*. Siguiendo el razonamiento, las primeras plantas establecerán una cabeza de playa que irá atrayendo a otras especies transformando la isla. Lo mismo ocurre con un cadáver. Cuando alguien fallece, el olor que desprende

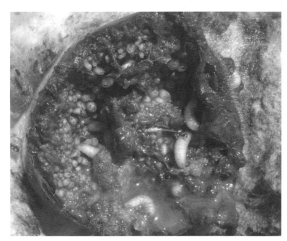

Larvas anidando en carne en descomposición. Su presencia es visible desde los primeros instantes del fallecimiento.

atrae a algunas variedades de insectos que dejarán constancia de su presencia por medio de larvas que, a su vez, irán atrayendo a otros tipos de insectos, y así hasta que del cuerpo solo quede el esqueleto.

Esta secuencia de invertebrados es lo que los expertos denominan «sucesión», un proceso que no guarda ningún secreto para los entomólogos forenses, al conocer perfectamente cuáles son las fases que la componen, ya que las especies necrófagas siguen un patrón definido. Por ejemplo, el primer insecto que acude al cadáver es un tipo de moscarda de la carne que tarda solamente diez minutos en percibir el hedor de la muerte.

Además de saber qué insectos son los que se acercan a un cadáver, los entomólogos forenses también conocen en qué momento lo hace cada uno, cuánto tiempo permanecen en él, cuándo ponen sus huevos y en qué instante eclosionan las larvas. Esta es la base para su trabajo.

Al dominar las fases de la sucesión, el entomólogo forense únicamente debe identificar las clases de insectos

Moscarda de la carne, primer insecto en detectar el olor de la muerte.

que anidan en ese instante en el cuerpo y cuánto falta para que las larvas eclosionen. Para ello, primeramente recogerá especímenes de cada tipo de insecto, incluidas sus larvas. Cada tipo se introduce en un tubo y se anota en qué parte del cuerpo se encontraba, cuándo se recogió, la temperatura existente en ese momento, si había agua, descripción del terreno... Además de los especímenes localizados en el propio cuerpo, también recogerá otros presentes en el suelo inmediatamente cercano al cadáver, porque muchas larvas e insectos anidan en la tierra alimentándose de los fluidos que este segrega al descomponerse.

Como se ha dicho, cada insecto se introduce en un recipiente distinto y siempre se realizan fotografías de todo el proceso de recogida de pruebas. Una vez se ha obtenido lo necesario, las larvas se introducen en una incubadora que mantenga las mismas condiciones atmosféricas presentes en el escenario del crimen. La idea es vigilarlas hasta que eclosionen dentro de un esquema de trabajo basado en la cronología inversa.

Así, si una larva de mosca azul tarda en eclosionar 48 horas, ya en el laboratorio se observará el tiempo que tardó en hacerlo desde su recogida en el cuerpo. Después solo habrá que restar ese tiempo de las 48 horas normales para deducir cuánto tiempo llevaba muerta la víctima.

Pero no todo es tan fácil. A menudo estos expertos se topan con problemas de diferentes calibres, ya que realmente no hay un solo tipo de sucesión, sino muchos. Los insectos que acuden a un cadáver serán diferentes según estemos en los trópicos o en lugares fríos, la temperatura también altera esa secuencia, así como si el cuerpo se halló en el agua o en tierra, además, cada país tiene sus especies de insectos autóctonas, la lluvia aleja a algunos artrópodos y atrae a otros...

Todos estos elementos deben ser tenidos en cuenta para llegar a una conclusión real sobre el momento de la muerte.

Un caso especialmente complicado comenzó con el hallazgo de un hombre muerto en el Campbell Industrial Park de Oahu, Hawai. El cadáver solo llevaba puestas unas zapatillas deportivas y fue encontrado entre unas rocas bajo la línea de marea alta.

Debido a su ubicación y al avanzado estado de descomposición que presentaba la víctima, se decidió llamar al ya mencionado experto Lee Goff, quien dedujo en un primer momento que aquello podría ser un suicidio.

Cuando este analizó las especies recogidas en el cuerpo observó que había un retraso en el crecimiento y eclosión de las larvas. Realmente no supo la causa hasta que descubrió, por medio de experimentos propios, que el agua salada del mar era la causante del retardo, por lo que no pudo establecerse con exactitud el momento del fallecimiento, ni el verdadero punto en el que murió aquel hombre. Al parecer, la composición salina de esta agua causa una sensación de rechazo a numerosos insectos que desisten de acudir al cadáver, dejando paso a otro tipo de artrópodos que sí son resistentes a ella.

A pesar de que Lee Goff es uno de los grandes referentes mundiales en cuanto a la entomología forense se refiere, ni siquiera él había estudiado con anterioridad la sucesión de los insectos en un ambiente húmedo y salino. Es por ello que iniciativas como la de la *Granja de cadáveres* se hacen tan necesarias en el momento actual. De otro modo, aún desconoceríamos cómo funciona el proceso de descomposición humana en determinados ambientes. Y eso, como estamos percibiendo, es un campo abonado para que los criminales borren sus huellas de la escena del crimen.

Y es que, como ciencia reciente que es, la entomología forense sigue avanzando y perfeccionándose para solventar imprevistos como el caso recién mencionado de Oahu.

Para no caer en errores de este tipo, quienes no disponen de un centro cercano tipo Granja de Cadáveres al que acudir en caso de necesidad realizan sus experimentos con cadáveres del que, dicen, es el animal que más se aproxima a las fases de descomposición del ser humano: el cerdo doméstico. Cerdos que deben cumplir una serie de características, eso sí. No piensen que vale cualquier ejemplar. Para empezar, el escogido debe pesar siempre 23 kilos, ni más ni menos.

Una vez se tienen varios especímenes de este animal, sus cuerpos inertes serán colocados en diferentes emplazamientos: colgados, tapados con mantas, dentro de agua, enterrados, al aire libre, quemados, metidos en cajas o en edificios, en barrancos, junto a carreteras... Se intenta con ello cubrir los principales lugares en los que suelen localizarse cuerpos abandonados de personas. Hasta aquí bastante semejante a la Granja de Cadáveres. La principal diferencia, además de que estamos hablando de cerdos, reside en el hecho de que para conseguir el máximo realismo se mata a estos animales de la misma forma a como solemos morir los humanos en casos de delitos violentos: de un disparo en la cabeza, o en el vientre, ahogados, asfixiados...

Acto seguido se elige el lugar y se deposita el animal muerto en las condiciones deseadas, y se sitúan junto a él diversos aparatos que midan las fluctuaciones de temperatura, la cantidad de lluvia caída, el viento, la humedad... Para leer estos datos fidedignamente habrá que acudir diariamente a cada uno de los emplazamientos, observar cómo evoluciona la descomposición, recoger los datos atmosféricos y, por supuesto, analizar la sucesión de insectos que van acercándose al animal muerto. Los datos serán después extrapolados a cuerpos humanos hallados en parecidas circunstancias y se extraen las conclusiones pertinentes.

Aunque pueda parecer un método burdo, realmente es efectivo. Pero siempre hay diferencias entre el cadáver de un cerdo y el de un ser humano, por eso mismo lo más recomendable sería pedir los permisos pertinentes y seguir la senda del doctor Bill Bass y su Granja de Cadáveres.

Y es que el proceso de descomposición humana es más complejo de lo que pudiera pensarse a priori. Con el fin de estudiarlo mejor, algunos científicos lo han dividido en cinco fases —otros lo hacen en nueve—, a pesar de que la naturaleza no realiza tal distinción y la trata como una etapa unitaria e indivisible de nuestro paso por el planeta.

La primera es la llamada fase fresca. Comienza en el mismo instante de la muerte y finaliza cuando el cuerpo está completamente hinchado por la acción de los gases internos emanados por las bacterias que ya han comenzado a alimentarse de las partes blandas del cadáver.

Pese a esa evidente hinchazón, los rasgos físicos siguen siendo plenamente identificables. Solo la llegada de las primeras moscas azules nos indicará que realmente se trata de un cadáver y no de una persona viva. Estas moscas azules se alimentan de las secreciones del cuerpo y depositan sus huevos en heridas y orificios naturales. Sirven, además, de avanzadilla para la siguiente legión de moscardas de la carne, cuyas larvas depositan directamente en lugares húmedos y oscuros, en un intento de protegerlas de sus grandes predadoras, las avispas y las hormigas.

Con los primeros signos de hinchazón en el abdomen se inicia la fase de abotargamiento. Las moscas ya descritas aún permanecen en el cadáver, pero con la salvedad de que las larvas depositadas comienzan a alimentarse. Lo hacen arrancando pedazos minúsculos de carne con sus ganchos bucales, a través de los cuales inyectan una enzima que digiere la piel por ellas. Como cada masa de larvas puede componerse de varios centenares de individuos, no hace falta pensar mucho para hacerse una idea de la velocidad que alcanza la descomposición en este punto.

Estas masas de larvas se desplazan por el cadáver lentamente, siempre buscando carne fácil de digerir. Su acción, unida a la de las bacterias internas, eleva la temperatura del cadáver casi hasta los 53°C, convirtiéndolo en un lugar muy acogedor para la llegada de varias especies de escarabajos, avispas depredadoras, parásitos de las larvas…

Mientras, el cuerpo ha ido rezumando líquidos que van cayendo al suelo atrayendo a otros seres microscópicos que se encargarán de digerir la piel que contacte con la tierra. El peligro en una investigación criminal es que la Policía no recoja muestras de este suelo, por no observar insectos o larvas sobre él a simple vista. Porque el análisis del suelo puede mostrarse crucial para dilucidar si la víctima fue asesinada en ese mismo punto o si se trasladó el cadáver desde otro punto. Tal estudio ha creado una ciencia independiente llamada tafonomía, de la que ya hablamos cuando citábamos la Granja de Cadáveres.

Regresando al proceso, cuando la piel ya se abre por efecto de la descomposición, permitiendo la salida de los gases internos, se da por iniciada la fase de putrefacción. Es el momento en el que el cadáver despide su característico olor y también cuando mayor cantidad de insectos acuden a alimentarse del mismo.

Los escarabajos se convierten en la especie dominante, al haber completado las larvas de mosca su fase de desarrollo y emigrado a otra zona más tranquila para pupar y transformarse en una mosca adulta.

Con esta salida la temperatura corporal se asemeja a la de su entorno y ya son visibles los primeros huesos. No en vano, se calcula que al final de esta fase habrá desaparecido el 80 % del peso inicial. Será el momento para la llegada de los escarabajos del cuero —en ambientes secos— y del aumento de ácaros y de otros insectos diminutos que se infiltrarán en el suelo colindante.

Acto seguido entramos en la fase de postputrefacción, durante la cual el cuerpo pierde el 90 % de su peso, quedando únicamente los huesos y el pelo. Los grandes insectos huyen por ausencia de alimento y solo quedan aquellos capaces de alimentarse de lo vertido en el suelo. Cuando esa fuente alimenticia también desaparece, estaremos ante la fase esquelética.

Ahogados bajo el sol

Pero el estudio de los insectos no solo sirve para averiguar el intervalo post mórtem. Con él también puede saberse dónde ocurrió la muerte o, incluso, situar a un sospechoso en el lugar del crimen.

En un caso muy poco frecuente ocurrido en 1985, en Texas, se encontró el cuerpo de una mujer con los restos de un saltamontes entre su ropa. Fue una prueba más que se guardó por obligación, pero sin confianza en que pudiera ser significativa.

La policía identificó a varios sospechosos y los llamó a interrogatorio. Cuando se estaba cacheando a uno de ellos, se encontró en el dobladillo de su pantalón la pata trasera izquierda de un saltamontes. Se cotejó con los restos del hallado en el cuerpo de la mujer y se descubrió que era la única parte que faltaba del saltamontes, por lo que se dedujo que aquel hombre había estado en la escena del crimen.

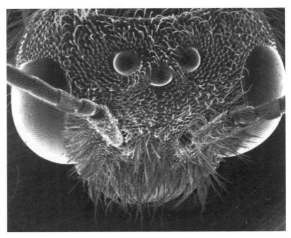

Insecto del tipo Megachilidae, aumentado por microscopio. La labor depredadora de cientos de estos animales al unísono provoca la rápida desaparición del cadáver.

Un dicho esgrimido entre este colectivo de expertos asegura que «hay que saber acercarse a un cadáver para escuchar lo que las moscas susurran». Y, en ocasiones, estas son capaces incluso de «contar» las causas que provocaron la muerte.

El 26 de agosto de 1992 unos excursionistas encontraron los cadáveres de un hombre y una mujer al pie de un precipicio en el Gran Cañón del Colorado. Estaban tumbados en el suelo, separados entre sí unos 30 metros. La mujer tenía una rudimentaria tablilla en una pierna, señal de que algún accidente les sobrevino antes de la muerte.

La autopsia estableció que ambos habían muerto ahogados, para sorpresa de los investigadores que localizaron los cuerpos en una zona desértica. El análisis de los insectos reflejó que el fallecimiento se había producido en el anochecer del 21 de agosto, pero la pregunta misteriosa seguía en pie: ¿ahogados en medio del desierto?

Un insecto dio la solución. Se trataba de un tipo que solo crece cuando hay abundancia de agua, demostrando que aquellas personas habían sido sorprendidas por un fuerte aguacero, que en el Gran Cañón se convierte en una riada tan furibunda que es capaz de matar a una persona en cuestión de segundos.

Todos estos casos han convencido a las fuerzas de seguridad sobre la idoneidad de la entomología forense para resolver ciertos tipos de delitos, llegando a crear departamentos específicos sobre esta materia, que han desterrado la antigua imagen del entomólogo como alguien que iba en moto con su red cazamariposas a cuestas.

La propia Academia del FBI en Quantico —referente mundial en la lucha contra el crimen— organiza anualmente simposios internacionales en los que diversos entomólogos forenses hablan sobre el estudio de los insectos a los futuros agentes federales, enseñándoles a recoger pruebas entomológicas en las escenas del crimen. Que el FBI aceptase organizar estos eventos dentro de su duro programa de adiestramiento supuso un espaldarazo a una metodología que hasta entonces era vista con escepticismo.

También la Academia Americana de las Ciencias Forenses organiza encuentros donde se desarrollan talleres como el llamado *Sociedad de la Última Palabra*, consistente en una serie de conferencias en las que los participantes vuelven a analizar casos o acontecimientos de interés histórico, empleando técnicas no disponibles en aquel momento como es el estudio de los insectos.

España tampoco ha sido ajena a este avance y ya se puede hablar de casos resueltos gracias al estudio de los insectos. Uno de los más conocidos tuvo su inicio el 25 de enero de 1999, cuando los restos de un hombre muerto fueron encontrados en el interior de una caja al suroeste de la isla de Tenerife.

El cuerpo era ya casi un esqueleto, por lo que no se le pudo realizar autopsia alguna. Además, la ausencia de documentos impidió hasta tal punto su identificación, que se solicitó la presencia de una antropóloga forense para descubrir la identidad de la víctima. Junto a ella acudió una entomóloga forense, que debería situar la fecha exacta de la muerte a partir de diferentes tipos de insectos localizados en la caja.

Dictaminar ese momento no era una cuestión baladí, ya que dependiendo de cuál fuera la fecha se podría saber qué personas la acompañaban en su entorno más cercano.

Se tardaron 50 días en establecer tal fecha, situándola entre un intervalo de cinco meses y medio a seis meses. A la par, la antropóloga forense consiguió identificar el cuerpo a través de las marcas presentes en sus huesos. Se trataba de Juan Romero Pérez, un vagabundo muy conocido en la zona.

Todos estos datos llevaron a la detención de Anselmo Melo, compañero de la víctima, quien acabó reconociendo el crimen, y fue procesado por ello.

FAMILIARES SIN AMOR

Al margen de asesinatos, secuestros y violaciones, la entomología forense también se ha mostrado eficaz para dirimir otros muchos supuestos. Uno de los más curiosos nos traslada a 1977, a unas oficinas gubernamentales de Finlandia donde una de las mujeres de la limpieza fue despedida por encontrarse larvas bajo una alfombra.

A pesar de que la interina aseguró limpiar todos los días la alfombra, las larvas parecían ser una prueba bastante evidente de que su trabajo dejaba mucho que desear. De otro modo no podría entenderse su presencia en la moqueta. Convencido en tal apreciación, su jefe optó por anularle el contrato, acusándola de no desempeñar sus funciones correctamente.

Sin embargo, había un detalle que no paraba de rondarle la cabeza. ¿Cómo era posible que no se hubieran dado cuenta antes de la presencia de esas larvas si alcanzaban ya el centímetro de longitud? Parecía imposible que hubieran crecido tanto en una sola noche, pero ahí estaban. Para solventar la duda, el hombre solicitó el dictamen de un veterinario que, a su vez, se puso en contacto con el entomólogo finlandés Pekka Nuorteva.

Tras observarlas, Nuorteva demostró que se trataba de larvas pertenecientes a una especie de mosca azul, que en ese estado de evolución se alejan de su fuente de alimentación para convertirse en crisálidas. Dedujo que seguramente habrían estado alimentándose de cadáveres de ratones muertos en algún lugar oculto y que durante esa noche se desplazaron hasta la alfombra para completar su desarrollo.

Al conocer esta información, quedó patente que la mujer de la limpieza decía la verdad, por lo que se la readmitió en su antiguo puesto de trabajo.

Menos simpáticos son los casos en los que los protagonistas son ancianos o niños víctimas de abusos y malos tratos. En una sociedad dominada por anuncios publicitarios que no paran de inculcarnos la excelencia de la juventud, la belleza y el éxito a corto plazo, no es de extrañar que los ancianos pasen a un segundo o tercer plano.

Los índices de abandono familiar aumentan año tras año, llegando al dato escalofriante de que, solo en nuestro país, más de un millón de mayores se consideran totalmente olvidados por sus familiares. Número que aumentaría exponencialmente si también computasen los supuestos en los que estas personas apenas reciben un par de visitas o llamadas al año.

El siguiente caso resume perfectamente este abandono que, a veces, viene acompañado de malos tratos por parte de sus cuidadores. La protagonista fue una mujer de avanzada edad, a la que sus familiares encontraron a las 17.00 horas de un día cualquiera muerta. La difunta vivía con sus hijos y sus nietos y, al parecer, el corazón le había fallado de forma repentina. Eso es al menos lo que aseguraba una de sus hijas, relatando cómo a las 13.00 horas de esa jornada la vio con vida y en buen estado.

Cuando llegaron los forenses al domicilio se toparon con su cuerpo sentado en una silla de ruedas y vestido con un traje y unos pañales. Inmediatamente percibieron que sobre la piel inferior se extendía una costra de heces y suciedad, señal de que la mujer no había sido aseada desde hacía días. No fue lo peor. Al quitársele el pañal ya en el depósito, afloraron decenas de larvas anidadas en una zona de tejido muerto y putrefacto localizado en la parte inferior de la espalda, llegando hasta la cavidad abdominal.

Sin desearlo, los forenses habían descubierto un caso de abandono y malos tratos, por lo que se inició una investigación criminal en toda regla. Hasta el depósito acudió un entomólogo forense que recogió muestras de las larvas, en un intento de averiguar cuánto tiempo llevaba la mujer en esa lamentable situación. Los análisis arrojaron el descorazonador tiempo de 50 horas.

Y es que, a menudo, los insectos nos llevan a los aspectos más profundos y oscuros del alma humana.

Otro hecho igual o más traumático aún, es difícil averiguarlo, tuvo lugar en 1990. Un hombre que paseaba por las inmediaciones del lago estadounidense Wilson escuchó lo que, según él, eran «gemidos de un cachorro de gato o de perro». Cuando la policía acudió al punto señalado descubrió a una niña de 16 meses deshidratada, llena de moratones y plagada de picaduras de insecto por todo el cuerpo.

Por vestimenta llevaba unos pantalones rosas y un pañal que disimulaba las larvas que ya habían anidado en su zona anal y genital. Al no existir denuncia de pérdida de bebé, parecía evidente que la niña había sido abandonada. Solo restaba averiguar la identidad del desaprensivo y el tiempo que la criatura había permanecido a la intemperie.

En el laboratorio entomológico se descubrió que las moscas se habían alimentado inicialmente de las heces recogidas en el pañal, para desplazarse progresivamente a los genitales y al ano, donde comenzaron a devorar la carne a través de las llagas que el roce del pañal había producido en esa zona. La conclusión es que la niña permaneció tumbada boca arriba durante 23 horas a merced de los elementos.

La policía logró identificar a la madre y, al interrogarla, relató cómo ese día había salido a dar un paseo con el bebé en un cochecito y su otra hija mayor. Cuando llegaron a orillas del lago, siempre según su versión, mandó a la hermana mayor que cogiera a la pequeña y la dejara en el suelo, cerca de la ribera, a lo que ella accedió sin mediar palabra.

Al llegar a casa su ex marido le preguntó por el paradero de su hija menor, respondiéndole ella que se la habían llevado los asistentes sociales.

Durante el juicio que se celebró posteriormente, la mujer fue condenada por intento de asesinato. Todo parecía correcto hasta que los abogados de la mujer apelaron la decisión ante el Tribunal Supremo. Consideraban que las fotografías esgrimidas ante el jurado, de larvas anidando en el cuerpo de la pequeña, habían impresionado tanto a sus miembros que les anularon su capacidad de equidad e imparcialidad.

El Tribunal Supremo rechazó la apelación y la niña fue entregada en acogida a una de sus tías.

UN MUNDO MEJOR

Actualmente todas las policías del mundo trabajan, cuando es necesario, con entomólogos forenses que prestan sus servicios a la causa de la justicia. En su mayoría son antiguos entomólogos que han encontrado en esta especialidad un nuevo reto a sus carreras profesionales, o una forma de ayudar a la sociedad.

Y es que convertir este mundo en un lugar más justo y apacible en el que vivir no es tarea exclusiva de los políticos o miembros de las ONG. Cada uno de nosotros podemos ayudar desde la profesión que desempeñemos, por insignificante que esta pudiera parecernos a priori. Piensen en aquellos primeros entomólogos que pasaban sus días de descanso recogiendo insectos por el campo con su cazamariposas a cuestas.

El cine y los insectos

El tema de la entomología forense no ha sido muy tratado en el cine, reservándole a lo sumo algunas escenas concretas que no han aportado demasiados datos para comprender las bases de esta ciencia. Me viene a la memoria ese momento de la película *El silencio de los corderos* (Jonathan Demme, 1991) en el que se extrae una crisálida del esófago de una de las víctimas y que supone el inicio del viaje hacia la torturada mente del criminal apodado Buffalo Bill. Pero como digo, aparte de escenas de este tipo, personajes concretos como el interpretado en la serie *Bones* por el actor T. J. Thyne y algunos capítulos de series tipo CSI, la entomología forense no ha gozado de mucha popularidad en el celuloide.

Por el contrario, el mundo de los insectos sí la ha tenido. El de los insectos asesinos, por supuesto. En este campo son muy destacables una serie de películas, comenzando por *La humanidad en peligro* (Gordon Douglas, 1954), que relata el enfrentamiento de todo un estado norteamericano contra una invasión de hormigas gigantescas, mutadas por efecto de las pruebas nucleares en el desierto de Nuevo México. Eran los tiempos en los que aún se desconocía casi todo sobre los efectos de la energía nuclear, y el cine no desaprovechó la oportunidad para ejercitar su imaginación al respecto.

Cuando ruge la marabunta
(Byron Haskin, 1954).

Tampoco me olvido de *Cuando ruge la marabunta* (Byron Haskin, 1954), mezcla de cine de aventuras y catástrofes. En ella, un hacendado interpretado por Charlton Heston lucha para salvar su vida del avance descontrolado de un grupo de hormigas asesinas, ya a tamaño natural, pero con un apetito insaciable.

El público acogió tan bien estos argumentos que durante décadas los insectos continuaron asegurando éxitos de taquilla como *El enjambre* (Irwin Allen, 1978), donde se cede el protagonismo a peligrosas abejas africanas, o *Aracnofobia* (Frank Marshall, 1990), filme en el que un entomólogo que ha acudido al Amazonas para recoger ciertos tipos de mariposas se topa con unas peligrosas arañas que sembrarán el pánico en un minúsculo pueblo del Medio Oeste norteamericano.

8

BALÍSTICA

Huellas en el plomo

Popularizada por todas las series de televisión y las películas de detectives, la balística es una de las escasas ciencias forenses cuya efectividad jamás se ha puesto en entredicho. Quizá sea por ello que nos encontramos ante una técnica altamente especializada, resolutiva allí donde se necesita su ayuda. Y no son pocos los casos que la solicitan. Solo en los ocho primeros meses de 2009, Ciudad Juárez sufrió más de 2 000 asesinatos por armas de fuego. Cifra escalofriante que contrasta con la de otros países de ese llamado Primer Mundo, en los que los crímenes por este tipo de armas aún son relativamente minoritarios, debido al control existente sobre las mismas.

Pese a esta cotidianeidad, resulta curioso que el término balística se haya modificado hasta englobar a todo análisis comprendido a un arma de fuego. Porque hablando con autoridad, lo que realmente estudia la balística es la trayectoria de los proyectiles. Exclusivamente. Un dato muy importante cara a una investigación criminal, pero que deja de lado el aspecto más conocido de esta ciencia, la identificación de las armas de fuego. Ha sido la comodidad y esa regla llamada economía del lenguaje las que han provocado que hoy se use el término balística para referirse a uno u otro supuesto.

Una simple curiosidad.

Quienes trabajan en ella afirman que se trata de una técnica más compleja de lo que parece a priori y que requiere de una buena preparación y compilación de saberes, llegados a través de la experiencia y la observación, y no tanto por el estudio.

Aunque cada modelo de arma sea igual a simple vista, todas ellas mantienen un código «genético» propio, que se mantiene impreso en la parte interna del cañón. Esto provoca que cuando una bala es disparada, ese código se transmite al proyectil en forma de estrías y marcas. ¿Cómo sucede tal cosa? Simplemente porque el acabado de la parte interna del cañón es único en cada arma de fuego, con imperfecciones en forma de diminutas estrías que surcan todo su recorrido. Cuando el proyectil avanza por el cañón, esas estrías irán grabándose en la bala, dejando una pista idónea para descubrir en qué ocasiones se disparó el arma a investigar.

Y como en tantas otras ocasiones, la investigación balística comienza en la misma escena del crimen, con la recogida de los casquillos y la fotografía y estudio de los diferentes impactos de proyectil que pueda haber en los alrededores.

La existencia de asesinos profesionales que matan a sus víctimas con un único y certero disparo es muy escasa. Lo habitual es toparse con escenarios de auténticos tiro-

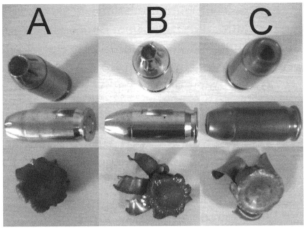

Diferentes tipos de casquillos y el estado en el que quedan una vez han sido disparados.

teos, donde al menos han sido disparadas tres o cuatro balas. Para reconstruir correctamente el crimen hay que determinar exactamente dónde fue a parar cada bala y desde dónde fueron disparadas, lo que implica averiguar, primeramente, cuántos disparos fueron efectuados.

Esto se consigue contando los impactos, los casquillos encontrados o preguntando a posibles testigos. La conjunción de estos tres recursos nos dirá si podemos pasar al siguiente paso o no.

Una vez se sabe cuántos disparos se efectuaron, los expertos medirán las trayectorias. Lo suelen hacer insertando varillas en los orificios o atando cordeles desde el punto de impacto a la probable posición del atacante. Las nuevas tecnologías incluso recurren a los puntos de luz láser, muy efectivos y cómodos, pero utilizables únicamente en ambientes con unas condiciones de iluminación óptimas.

También se debe marcar el lugar exacto donde se ha recogido cada uno de los casquillos y, acto seguido, fotografiarlos. Normalmente las armas expulsan los casquillos hacia el lado derecho lo que, unido al conocimiento de la distancia a la que suele hacerlo cada tipo de arma, también ayudará a vislumbrar el punto desde el que se efectuaron los disparos. Siempre teniendo en cuenta que la postura y empuñado de la culata pueden distorsionar ese dato.

Tras el examen de la escena, llega el del cuerpo. Las heridas por arma de fuego son muy características, con una hendidura en la carne rodeada de un halo de hollín y otro de quemazón, producto de las altas temperaturas con las que son lanzados los proyectiles. El aspecto de ese anillo puede aportarnos también información sobre la distancia del disparo. Cuanto más cerca esté el arma del cuerpo de la víctima, mayor será la quemazón y los daños producidos por el disparo.

Esa transmisión de pólvora también afecta al agresor. Recuerdo una película de mi infancia titulada *Muerte en el Nilo* (John Guillermin, 1978), en la que su protagonista, el agudo detective Hércules Poirot, lograba descifrar una serie de asesinatos ocurridos durante una travesía en barco por el río Nilo. Con su habitual perspicacia, Poirot reúne a todos los presentes para señalar, acto seguido, a una pareja de enamorados como los asesinos. Viéndose descubiertos, el posible asesino avisa a Poirot de que, aunque tuviese razón en su acusación, no dispone de ninguna prueba para incriminarlos. El espectador sabe que eso es cierto, que los asesinos han sido más listos que el belga en esa ocasión, pero Poirot, fiel a su estilo, se saca un as de la manga y asegura que bastará con extraer la pólvora que ha quedado incrustada en su piel —los asesinatos se cometieron con un arma de fuego—, para demostrar que fueron ellos quienes apretaron el gatillo.

Bien, esta película se basa en un libro de Agatha Christie, cuya genialidad reside en el hecho de que cuando se escribió la novela, allá por 1937, tal prueba no existía. ¡Pero sí hoy! Otro perfecto ejemplo de hasta qué punto los antiguos novelistas del género negro se informaban concienzudamente sobre los avances en investigación policial y sus posibilidades futuras.

Cuando alguien dispara un arma de fuego, la explosión interna provoca que ciertos residuos se queden impregnados en las manos, cara y ropajes de quien aprieta el gatillo. Lo componen esencialmente restos de pólvora, partículas microscópicas de plomo u otros metales y hasta el aceite procedente del mecanismo del arma.

Para extraerlos de la piel o de la ropa, los investigadores aplican sobre la superficie deseada un pequeño tampón en forma de bolígrafo, donde quedan adheridas estas sustancias. Después, se envía al laboratorio químico para su extracción y catalogación. Si en ese tampón efectivamente se hallan componentes metálicos y pólvora quemada, es altamente probable que el sospechoso haya disparado un arma muy recientemente.

Este fue el método por el que logró esclarecerse un crimen cometido en la localidad madrileña de Mejorada del Campo el 16 de abril de 1995. Ese día, agentes de la Policía Judicial de Arganda de Rey y de Alcalá de Henares, más algunos especialistas de la Guardia Civil, acudieron a una llamada procedente de uno de los barrios más conflictivos de la población, alertando de una reyerta en la zona.

Al llegar, los agentes se encontraron con un barrio de chabolas en los que malvivían varias decenas de personas de etnia gitana. Algunos de los vecinos les relataron cómo un hombre, Vicente Molina Maya, había sido trasladado urgentemente al Centro de Salud de Mejorada del Campo, tras recibir un disparo efectuado por su pareja sentimental.

Fue la propia madre de la víctima, Irene Maya, quien les entregó a los agentes el arma del crimen, una Beretta Gardone calibre 7,65 mm. Al cargador le faltaba una bala. Tras el registro de la vivienda donde se produjo la agresión, la policía recogió un casquillo que fue enviado, junto al arma, al servicio de balística de la Guardia Civil.

Mientras, la presunta autora del disparo, Teresa de Jesús Moreno, más conocida como la *Tany*, era detenida. Por sus declaraciones se supo que ambos formaban una pareja de hecho. Sobrevivían de la recogida de chatarra y de la venta de flores. Pero había más. Casi desde su llegada a la casa familiar de Vicente, Teresa de Jesús fue objeto de malos tratos y vejaciones por parte de su pareja y de la madre de esta. Hasta ahí una típica historia de violencia doméstica. La sorpresa saltó cuando la *Tany* aseguró no ser ella la autora del disparo. Según su versión, Vicente se había disparado con su propia arma y ahora su madre política la quería inculpar de todo. El problema estribaba en que su pareja había fallecido y ya no podía contrastarse esta declaración con la de la víctima. Para esclarecer la autoría del disparo, los miembros de la científica de la Guardia Civil pasaron sobre sus manos un tampón de recogida de residuos, similar en tamaño y forma a un bolígrafo. Después, lo guardaron en un sobre sellado y lo enviaron al laboratorio.

La autopsia realizada al cadáver de Vicente dictaminó que la muerte le sobrevino por el disparo de un arma, colocado contra su sien derecha a cañón tocante, lo que equivale decir que ese cañón estuvo en contacto con la piel. En balística, el estudio de las distancias y de la dispersión de los proyectiles cobra un valor fundamental. No es lo mismo disparar una pistola desde 20 metros, que a uno de distancia de la víctima. En el primer caso lo más probable es que exista una intencionalidad manifiesta de matar o de herir, mientras que en el segundo supuesto siempre queda la posibilidad de un disparo accidental. Por el contrario, los disparos a quemarropa casi siempre indican dos supuestos: suicidio o ejecución criminal. Todo esto hablando en términos estadísticos, claro está.

En el caso que nos ocupa, los investigadores se decantaron por la hipótesis del suicidio, pero en el mundo del crimen nada es lo que parece hasta que las pruebas no hayan emitido su veredicto.

La detenida realizó su primera confesión ante un juez en la mañana del 18 de abril. En presencia de su abogado y del secretario, Teresa de Jesús ofreció una versión más completa de lo sucedido. Siempre según ella, el día de autos su marido había llegado a casa malhumorado. Fue el punto de partida para una discusión entre ambos, que Vicente intentó resolver encañonándola con una pistola mientras le decía: «Esta vez te mato, hija de puta». Se inició entonces un forcejeo, en el que se escuchó un disparo con el resultado ya conocido de la muerte del hombre.

¿Había sucedido así realmente? Durante los siguientes 14 meses la mujer permaneció en prisión preventiva, siempre con el miedo a que alguien intentara matarla para hacer cumplir la «ley gitana», la misma por la que los patriarcas de su pueblo la habían declarado culpable con pena de muerte.

Para evitarlo, *Tany* fue acogida a su salida de prisión por el Ayuntamiento de Rivas-Vaciamadrid. La población española simpatizaba con su causa, harta ya del dominio machista que algunos maridos quieren imponer sobre sus mujeres. Pero las pruebas son las pruebas y estas indicaban que la autora del disparo había sido ella. Así lo confirmaban los residuos de pólvora encontrados en sus manos y ausentes en las de su pareja.

Por esas evidencias, el 14 de mayo de 2000 Teresa de Jesús fue condenada a 14 años, 8 meses y un día de prisión por delito de homicidio. Cuando la sentencia se hizo pública, se inició un espontáneo movimiento ciudadano pidiendo el indulto. La sensación unánime dictaba que se estaba condenando a una mujer que había intentado defenderse de una agresión machista y así lo entendió también el propio Gobierno, que acordó con el tribunal competente concederle un indulto parcial para dejarla en libertad al cabo de 30 meses de cárcel.

Fue un triunfo social que no deslegitimó en ningún caso las pruebas balísticas aportadas.

La prueba balística

Para los amantes de las armas de fuego, tengo que decir que los laboratorios balísticos son lo más aproximado a su paraíso particular. Decenas, cientos de armas se almacenan para ayudar a los profesionales en sus pesquisas. Modelos antiguos, algunos incluso obsoletos, compartiendo espacio junto a los más modernos.

La mayoría de ellas proceden de decomisos, de investigaciones criminales con una historia de violencia grabada en su cañón. A mi entender, así es como todas las armas del mundo deberían estar, guardadas bajo candado en un almacén bien vigilado. El problema reside en que quienes las fabrican no piensan igual, y tampoco quienes las venden. Extraña forma de ganarse la vida, comercializando máquinas de matar.

Algunos laboratorios balísticos guardan auténticas joyas, como pistolas diminutas de un solo disparo, otras fabricadas en porcelana y hasta detonadores rudimentarios que no alcanzan la categoría de revólver.

El laboratorio balístico es el lugar donde también se realiza la prueba de disparo. Cuando llega un arma sospechosa, se procede a ser disparada para analizar las marcas dejadas en el proyectil y, de este modo, averiguar si se usó en algún crimen anterior.

La prueba se realiza de dos formas: disparando en un tanque de agua o en una caja de gel. Así se asegura que el proyectil sufrirá los menos daños posibles, permitiendo el análisis preciso y minucioso de las estrías presentes en el casquillo.

Hasta hace pocos años, la observación de estas estrías se realizaba con la ayuda de un microscopio, pero la ciencia ha avanzado en todos los sentidos y el empleo de bases de datos informatizadas, con imágenes de proyectiles en alta resolución, ha ido sustituyendo al antiguo método. Esto posibilita que en apenas unos

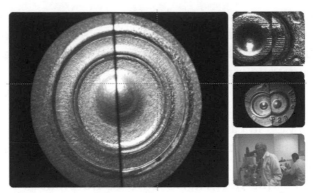

La identificación del arma de un crimen pasa por el cotejo obligado de sus balas disparadas, en busca de marcas y surcos coincidentes entre sí.

segundos puedan ser comparadas miles de balas entre sí, buscando siempre la coincidencia entre las muescas.

Otro factor analizable es la presión ejercida sobre el gatillo. Cada arma necesita de una presión diferente para ser accionada, lo que en las películas de gángsteres se conoce como *gatillo suave*. Averiguar esa presión se ha mostrado en algún caso crucial para dirimir si alguien disparó el arma accidental o intencionadamente.

Además de las armas de fuego, algunos laboratorios balísticos también se ocupan de analizar las incisiones y cortes presentes en el cuerpo de la víctima. Porque, al igual que las pistolas y metralletas, también las armas blancas dejan unas huellas propias e intransferibles, ya sea en la piel, en el hueso humano o en una superficie inerte.

Y así, por una simple herida, puede averiguarse qué tipo de cuchillo fue el empleado. Los de doble hoja dejan marcas con dos incisiones a cada lado de la herida, mientras que los cuchillos de filo simple crean heridas en forma de quilla de barca. Cuanto más ancha sea la hoja, mejor quedará impresionada en la herida. Los que no admiten duda son los cuchillos de sierra dentada, al dejar un corte irregular en la piel.

También el lugar donde aparecen las heridas nos dice mucho de cómo fue la agresión. Cortes en las manos y en los antebrazos son claros indicios de que la víctima intentó protegerse alzando los brazos, lo que en el argot se denominan *heridas defensivas*.

Se ha llegado a dar el caso de que, por la presión ejercida al clavar el arma sobre el cuerpo, ha quedado impreso el dibujo de la empuñadora en forma de hematoma.

Alguna de estas cuestiones confluyeron en un trágico suceso que saltó a los medios de comunicación españoles en enero de 2001, pero que realmente había comenzado en la Semana Santa del año 2000. Su protagonista fue Carlos Enrique Sandoval Fernández, de 31 años de edad. Trabajaba como pastor en la pequeña localidad de Fresno de la Vega, población con algo más de 800 habitantes y distante 42 kilómetros de León.

Parece ser que, durante esa Semana Santa y en una reunión entre mozos del pueblo, su nombre había emergido como ejemplo de tacañería. Este hecho, que en alguien normal quizá hubiera provocado un leve enfado o malestar, en la mente de Carlos Enrique germinó haciendo surgir un odio acérrimo hacia la persona que él consideraba como instigador de la burla, José Antonio Rodríguez Pardo.

Algunas voces consultadas afirmaron que ese odio ya venía de antiguo porque, según ellos, Carlos Enrique envidiaba a José Antonio por su carácter extrovertido, alegre y vivaz. Sea como fuere, desde ese instante la relación entre ambos se tensó al máximo.

En la mañana del 21 de enero de 2001, José Antonio partió con su Renault Express para cuidar de las ovejas que tenía reunidas en el monte. En un lugar como Fresno de la Vega, casi todos sus habitantes trabajan de la ganadería o la agricultura, si no de ambas labores al mismo tiempo. Cuando circulaba por la carretera sin asfaltar que le llevaba hasta sus ovejas, José Antonio se topó con cuatro grandes troncos de madera que le impedían el paso. Parecía claro que alguien los había colocado allí adrede, ya que en ese punto solo se vislumbraban enormes campos de maíz y algún que otro chopo solitario.

Al descender de su vehículo y acercarse para retirarlos, sonó un disparo de escopeta. Acto seguido, el joven de 23 años de edad se llevó las manos al cuello. La herida de bala no logró matarle en el acto, pero sí aturdirle. No dio tiempo para más, un segundo disparo y otra bala que penetraba en su cuerpo y, esta vez, se alojaba en el tórax. Caído, malherido y consciente en todo momento, el asesino acabó de rematarlo con un tercer disparo en la sien derecha.

Los investigadores del Grupo de Homicidios de la Unidad Orgánica de Policía Judicial de la XII Comandancia de la Guardia Civil detuvieron al primer sospechoso veintiséis días después: Carlos Enrique Sandoval. De un primer momento en el que negó su participación en el crimen, Sandoval terminó confesando ser el autor, una vez fue interrogado en las dependencias policiales. Entregó las dos escopetas que poseía, acompañó a los agentes a la escena del crimen e incluso les informó del lugar desde donde efectuó los disparos.

Y cuando todo indicaba una pronta resolución del asesinato, Sandoval se desdijo de su juramento, declarándose nuevamente inocente y acusando a la Guardia Civil de haberle obligado a incriminarse mediante coacciones y amenazas.

Los problemas se acrecentaron al cerciorarse de que ninguna de las dos escopetas entregadas podía ser considerada fehacientemente como el arma del crimen. Así, la Guardia Civil partía casi de cero. Casi, porque de su vehículo requisaron una hoz y un cuchillo grande, además de su navaja personal. Si conseguían demostrar que alguno de esos elementos fue utilizado para serrar los troncos, lograrían situar al sospechoso en la escena del crimen.

Sirviéndose de un microscopio de comparación, los criminalistas de la Guardia Civil estudiaron la angulación de los cortes en la madera, y la cotejaron con las obtenidas en el laboratorio tras el examen de la hoz, la navaja y el cuchillo. Realizaron cortes con diferentes ángulos sobre los mismos troncos del crimen, sobre bloques cilíndricos de cera y sobre láminas de parafina. Tras dos meses de pruebas continuas, la primera conclusión: la navaja fue la herramienta utilizada para cortar los troncos encontrados en la carretera.

Esta prueba bastó para que el jurado de nueve miembros lo considerara culpable del asesinato, siendo condenado por el presidente del tribunal a 18 años de prisión.

Un paso más en este arte de la identificación del arma criminal lo dio el investigador norteamericano Steve Symes, probablemente el mayor experto mundial en descuartizamientos. Como rezaba un periódico de Toronto: «Por lo que se sabe, es la única persona del mundo que hizo un doctorado estudiando huesos para distinguir las herramientas con las que se mutilan cuerpos humanos». Una broma macabra, sin duda. La verdad es que Symes ha logrado encerrar a varios criminales, al lograr identificar las herramientas con las que estos despedazaron a sus víctimas.

Su estudio se basa en la premisa de que si la policía y la justicia consideran científicamente válidas las pruebas balísticas, ¿por qué no debe suceder lo mismo con las marcas de sierras en un caso de descuartizamiento?

Para demostrar la validez de su argumento, Symes pidió permiso al doctor Bill Bass para que le permitiera experimentar con algunos cuerpos dentro de la Granja de Cadáveres. Lo obtuvo.

El siguiente paso consistió en comprar o pedir prestadas toda clase de sierras para experimentar con ellas dentro de la granja. Sujetaba los huesos humanos a tornos mientras los cortaba o serraba, y examinaba posteriormente las marcas dejadas en ellos. Analizándolas al microscopio, observó que también las sierras dejan sus señales características. Gracias a su perseverancia, Symes puede distinguir hoy con facilidad un corte limpio, movimientos hacia atrás, saltos, acometidas en falso, vacilaciones, cortes rotatorios... Se ha convertido en un asiduo perito en casos de descuartizamiento o mutilación de miembros.

Sé que algunos lectores se estarán sorprendiendo por estas líneas, pero les aseguro que todo lo que estoy comentando es rigurosamente cierto y que los casos de descuartizamiento son más habituales de lo que pudiera

Levantamiento de
un cadáver.

pensarse. De hecho, el descuartizamiento es una forma altamente eficaz de eliminar la identidad de la víctima o, al menos, de dificultar tal identificación. Los sicarios mafiosos lo saben perfectamente, y en muchos de sus crímencs los cadáveres aparecen sin la cabeza y sin los dedos de manos y pies.

El mayor problema radica en llevarlo a cabo, ya que hacer pedazos un cuerpo humano no es tarea fácil. Ni tampoco segura. El propio descuartizador puede llevarse por delante un dedo propio si se le resbala el cuchillo que esté empleando. La cantidad de sangre que vierte un cuerpo, más la dureza de los cartílagos, huesos y músculos al intentar rajarlos, seguro que ha provocado más de un accidente inesperado.

El lugar más habitual donde se realizan los descuartizamientos es en las bañeras, por su facilidad para limpiar el escenario después y evitar el derramamiento de sangre por el suelo. Respecto a las armas, de las antiguas sierras de arco se ha pasado a las motosierras, más efectivas y rápidas, aunque mucho más ruidosas y sucias.

Este paso ha perjudicado notablemente las investigaciones forenses, ya que seguir el rastro de una hoja de sierra era infinitamente más fácil que la de una motosierra. Por el contrario, la falta de conocimientos anatómicos o la dejadez en este aspecto de los descuartizadores compensa esa pérdida. Me refiero al hecho de que, a la hora de cortar, suelen hacerlo por la mitad de los miembros, en lugar de buscar las articulaciones, donde el hueso es más frágil. Esto posibilita la presencia de marcas más nítidas, aportando una valiosa pista a seguir.

En lo que sí coinciden las heridas provocadas por armas de fuego, armas blancas y sierras o motosierras es en el rastro de sangre dejado tras de sí.

En un asalto violento la sangre surge y lo hace con su propio lenguaje. La pauta de salpicaduras en la escena del crimen es como una película grabada con hemoglobina. Cuando una gota impacta contra una superficie, la marca que deja nos indica la dirección que llevaba y la fuerza con la que fue proyectada.

Así, una marca de sangre circular significa que esta cayó casi sin fuerza, por sistema de goteo, sobre una superficie perpendicular a su trayectoria, casi siempre el suelo. Algo propio de una herida que no cicatriza, como si nos cayera sangre de la nariz.

Si esa gota está estampada, con diminutos haces o gotitas a su alrededor, la sangre ha sido proyectada hasta ahí con fuerza. En este caso bastará con medir la parte más larga para averiguar cuál fue su trayectoria.

Por el contrario, las manchas grandes en forma de borbotón nos informan de que alguna arteria ha sido seccionada, permitiendo la salida del rojo elemento sin control. Y así sucesivamente.

Siguiendo estas marcas dejadas en la escena del crimen, los investigadores sabrán cuál fue la trayectoria seguida por la víctima y su agresor, en qué punto se produjo el ataque, con qué tipo de arma lo llevó a cabo… También si ese agresor era diestro o zurdo, ya que, según trace el rastro de sangre una curva a la derecha o a la izquierda, nos indicará desde dónde vino el ataque.

De la misma forma, la ausencia de sangre puede ser muy reveladora. Por ejemplo, imaginemos que nos encontramos con una persona a la que le han golpeado con un bate de béisbol en la cabeza y le han producido una aparatosa herida de la que emanó abundante sangre. Si al visitar la escena del crimen no encontramos rastro de ella, significará dos cosas: o bien que el agresor limpió el lugar, o que algún elemento que ya no se encuentra ahí fue el que recibió el impacto de la sangre, como una alfombra o un cuadro enorme.

Lo más probable es que el agresor haya intentado limpiar ese rastro, algo que no es tan fácil de conseguir, porque ni siquiera la lejía acaba con las marcas de sangre, aunque sí las oculta al ojo humano. Es lo que se llaman marcas latentes, es decir, aquellas que permanecen en el lugar sin ser observables con la luz del día.

Para hacerlas relucir, los investigadores emplean una sustancia química llamada luminol que se espolvorea a modo de spray sobre la superficie deseada. El luminol está formado por una mezcla de hidrógeno, nitrógeno, oxígeno y carbón. Cuando entra en contacto con la hemoglobina presente en la sangre, se produce una reacción química que provoca un efecto luminiscente.

Cuanto mayor sea la cantidad de sangre concentrada, más fuerte será la luminosidad. Es un método infalible que funciona mejor en ambientes oscuros.

A España esta técnica llegó en el año 2001, en un caso que se inició con el descubrimiento del cadáver de una mujer en la Casa de Campo de Madrid el 20 de octubre de ese año.

El cuerpo lo encontraron dos ancianos en el interior de una zanja de poco menos de un metro de profundidad, boca arriba, con la cara desfigurada a golpes y vuelta hacia su lado izquierdo.

Bajo el cadáver se halló un trapo ensangrentado y un jersey marrón, idéntico al que la chica llevaba puesto. Los agentes desplazados hasta allí dedujeron que la víctima murió en otro lugar, porque sus calcetines no estaban manchados de tierra, tampoco había sangre alrededor y la ropa se conservaba relativamente limpia como para haber permanecido tanto tiempo rodeada de barro.

El móvil no fue el dinero, ya que en su bolso se encontró el teléfono móvil, más un reloj, joyas y pulseras. Todo apuntaba a un crimen pasional. Siguiendo esa pista, los agentes del Grupo de Homicidios comprobaron las denuncias de desaparición interpuestas en los últimos cuatro días. Eso les ayudó a identificar el cadáver como el de Susana Valdivia Hernández, de 27 años de edad.

Y aún se supo más. Durante los últimos cinco años había convivido con Julián García Bouix, nueve años mayor que ella, y con quien había roto su relación sentimental de una forma muy tormentosa. La sentimental, no la laboral, porque Julián García era su jefe en la tienda de moda que ella regentaba en el barrio madrileño de Tetuán.

El informe de la autopsia concluyó que la chica murió por varios golpes propinados en el cráneo. La hora estimada de la defunción, entre las 18.00 y las 20.00 horas del viernes 19 de octubre.

Desde ese instante, Julián García se convierte en el principal sospechoso. La hora de la muerte coincidía con el turno de trabajo de Susana, de 17 a 20.30 horas, lo que, unido al hecho de que el cuerpo fue transportado hasta la Casa de Campo, indicaba que la agresión pudo haber sucedido en el interior de la tienda.

Cuando los agentes acudieron para interrogarle al establecimiento en la mañana del lunes, el hombre hizo gala de una enorme sangre fría. Negó todos los hechos con gesto inamovible, a pesar de lo cual fue detenido como sospechoso del crimen. Sin embargo, la policía sabía que no había ninguna prueba contra él, por lo que si no las encontraban en el plazo de dos días, el juez ordenaría su puesta en libertad.

Fue idea de uno de los inspectores jefes acudir al luminol, un producto nunca utilizado en España, pero que había contrastado su valía en infinidad de ocasiones con la policía de los Estados Unidos.

Cuando acudieron nuevamente a la tienda, con Julián García como testigo, observaron que todos los rincones relumbraban de limpieza. Era la hora de averiguar si el luminol realmente funcionaba. Con cuidado, espolvorearon el interior del local y acto seguido rebajaron la luz hasta dejarlo en penumbras.

Como por arte de magia, puntos de una luz verde fluorescente surgieron en el brazo de un maniquí, en el suelo, en una de las perchas, en el cerrojo de la puerta…

así hasta en 19 lugares diferentes. Quedaba patente que algo terrible había sucedido en ese establecimiento.

Los análisis posteriores demostraron que los residuos pertenecían a la sangre de la víctima. Y por si esto no fuera suficiente, también en el interior del coche de Julián García se hallaron tres manchas de sangre. Así fue como el asesino había transportado el cadáver hasta la Casa de Campo.

Durante el juicio celebrado en 2003, los peritos psiquiatras hablaron de un Julián García inmaduro, incapaz de aceptar la ruptura de una relación y con una personalidad explosiva en momentos especialmente tensos. De hecho, el detonante de la agresión había sido una disputa con la víctima mientras trabajaban. Él la golpeó con una barra de hierro, de la que se deshizo mientras dejaba a Susana muerta en una cuneta.

El magistrado le condenó a 16 años de prisión.

BALAS Y CINE

Presente en todas las películas, a la balística aún le falta un gran título propio que le dedique el homenaje que se merece. ¿Quién no ha escuchado en alguna ocasión la célebre frase: «Jefe, ¿ya ha llegado el informe de balística?».

Tanta cotidianeidad en los filmes policíacos ha provocado una especie de banalización hacia esta ciencia que, por otra parte, es la que mayores frutos ha dado a las fuerzas policiales de todo el mundo.

Intentando cinematografiar este capítulo, yo recomendaría visionar la ya mencionada *Muerte en el Nilo*

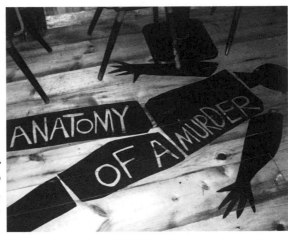

Anatomía de un asesinato (Otto Preminger, 1959).

(John Guillermin, 1978) no solo por su estupendo argumento, sino por el gran plantel de actores que la conforman, con el desaparecido Peter Ustinov al frente.

Tras ella, *Anatomía de un asesinato* (Otto Preminger, 1959) y *Sospechoso* (Peter Yates, 1987) nos demostrarán la importancia que puede tener en un juicio que el acusado sea zurdo o diestro, detalle claramente identificable a través del estudio de la dirección de los disparos y los cortes y heridas realizadas con arma blanca. De ambas películas, *Anatomía de un asesinato* marcó la senda para el futuro subgénero del thriller, es decir, de las películas centradas en un juicio o investigación judicial que parte de un asesinato. En ella encontraremos todos esos elementos tan cotidianos en las historias de hoy: abogados borrachos y expulsados de la abogacía, letrados excéntricos, acusados mentirosos, tramas en apariencia simples pero más enrevesadas a medida que avanza el metraje…

Muerte en el Nilo (John Guillermin, 1978), película basada en la
novela homónima de Agatha Christie, tuvo un reparto
excepcional, con Peter Ustinov a la cabeza en el papel
de Hércules Poirot.

Para comprender la violencia sin concesiones de las mafias y sus expeditivos métodos, descuartizamientos y mutilaciones incluidas, véanse *Manhattan sur* (Michael Cimino, 1985), *Promesas del Este* (David Cronenberg, 2007) y *El precio del poder* (Brian de Palma, 1983). Podría recomendar otras muchas, y los más cinéfilos no me perdonarán que anteponga estos filmes a la saga de *El Padrino* (Francis Ford Coppola, 1972) pero, criterios cinematográficos aparte, siempre he considerado un gran fallo en las películas de mafiosos presentarles como personajes simpáticos, incluso cariñosos, cuando realmente no son más que asesinos y extorsionadores sin escrúpulos.

Aun así, y ya dentro de las series televisivas, *Los Soprano* alcanza un gran nivel en cuanto a argumentos y tramas, cayendo, eso sí, y a mi parecer, en el mismo fallo que acabo de comentar.

9

CRÍMENES SIN RESOLVER

Buscando el asesinato perfecto

Cuando la gente se entera de mi profesión o de mis estudios, la pregunta que con más asiduidad me formulan es si, a mi parecer, se podría cometer un crimen perfecto. No es la única que me realizan, otras versan sobre las autopsias y los criminales seriales, pero, por diferencia, la del crimen perfecto se lleva la palma.

Mi respuesta casi siempre es la misma: «No existen crímenes perfectos, solo investigaciones imperfectas». No es una frase propia, sino un antiguo dicho criminológico con el que me gano aún más el interés de la audiencia.

El problema estriba en definir investigación imperfecta. Podríamos pensar que es exclusivamente aquella en la que la falta de pericia de los investigadores imposibilitó esclarecer correctamente el caso, pero dejaríamos de lado otro supuesto, como aquel en el que la astucia de los criminales impide atraparles, ya sea por haber ocultado perfectamente su rastro e identidad o, simplemente, el móvil que les llevó a actuar. Y aún habría que mencionar aquellas situaciones en las que son las circunstancias que rodean el crimen las que lo enmarañan todo, con poderosos personajes en la penumbra, oscuros intereses políticos o económicos que aconsejan no proseguir con las pesquisas…

Lo que está claro es que todos estos supuestos parten de un detonante común: la impunidad que ha rodeado la actuación de los delincuentes y que, en última instancia, nos lleva a afirmar que sí, que efectivamente es posible cometer el crimen perfecto, si lo entendemos como eso mismo, como quedar impune tras cometer una actuación criminal.

Según un estudio interno de la Interpol, cerca del 90 % de los homicidios que se cometen anualmente en Europa son solucionados con éxito. Lo que también significa que uno de cada diez delitos de este tipo queda impune, bien porque, como se ha apuntado, la investigación se empantana hasta pararse definitivamente, o porque nunca se vislumbra un sospechoso.

Son casos misteriosos, rocambolescos e incomprensibles en apariencia porque no siguen los patrones típicos. Sobre ellos pesa además un problema añadido: el paso del tiempo. Cuantos más meses o años transcurran desde los hechos, más difícil se antojará alcanzar la solución correcta. «El tiempo que pasa es la verdad que huye», suele repetirse en los ambientes criminológicos.

Un ejemplo lo encontramos en las muertes producidas por Jack el Destripador en el otoño de 1888, episodio del que ya es casi imposible extraer nuevos datos en claro, al estar muertos todos los testigos y haber, incluso, desaparecido gran parte de sus expedientes originales.

Pero no es necesario irse tan lejos. En 1943 tuvo lugar uno de los homicidios más enigmáticos e increíbles del siglo XX, el del industrial sir Harry Oakes, poseedor de una de las mayores fortunas del mundo gracias al negocio del oro. Han pasado 66 años del suceso y casi todos sus misterios aún permanecen sin desvelar.

En 1943 Harry Oakes vivía en la paradisíaca Nassau, capital de las Bahamas, donde su cuerpo inerte fue encontrado en su dormitorio hacia las 7.00 del día 8 de julio. Estaba tendido en la cama, con señales de haber sido torturado y con cuatro heridas muy profundas y triangulares en el parietal derecho que, según el forense, le provocaron la muerte y de las que nunca pudo descubrirse el objeto que las había motivado.

De la investigación se ocupó la policía de Miami, que pronto dio muestras de una gran incompetencia y parcialidad. Se habló de ritos de vudú antillano, por las plumas de almohada esparcidas sobre la cama, o de alguna venganza motivada por los devaneos amorosos de la víctima.

Solo un investigador privado procedente de Nueva York, Raymond Schindler, aportó algo de luz al caso y logró la libertad del único detenido, Marie Alfred Fouquereaux de Marigny, famoso *playboy* de las islas y, a todas luces, cabeza de turco del asesinato.

El juicio, iniciado el 18 de octubre de ese año, no aportó nada en claro, pero sí puso de manifiesto la incompetencia policial, la oscura trama financiera en torno a Oakes, las pruebas falsas para incriminar a Marigny y la participación de personajes tan ilustres como el antiguo rey de Inglaterra Eduardo VIII, en esos instantes gobernador de las Bahamas.

Henry Oakes, una de las grandes fortunas del mundo gracias a sus negocios con el oro y muerto en extrañas circunstancias nunca aclaradas.

Aun así lo más extraño de aquel suceso aún estaba por llegar, y lo haría en forma de muertes misteriosas. Entre ellas la de dos de los hijos de la víctima, su secretaria, la del investigador privado Schindler o la de algunos de los policías que participaron en la investigación. También fueron asesinados la jurista Bettie Ellen Renner, que llegó a la isla en 1950 dispuesta a esclarecer lo sucedido de una vez por todas, y el nuevo gobernador de las Bahamas en 1952, James Barker, después de anunciar la reapertura del caso.

Nadie volvió a intentar reabrirlo.

LOS GALINDOS

España no se escapa a la casuística de los crímenes impunes y, por poner un ejemplo, solo en Euskadi se cuentan unos diez grandes casos de asesinato sin resolver. Entre ellos la muerte en 1999 de Laura Orue, la joven que apareció enterrada en un pinar cercano a su caserío de la localidad vizcaína de Zeberio, sin signos externos de violencia; o la de Esther Areitio, profesora descuartizada en su casa de Vitoria el 8 de mayo de 1988.

Alarmados por estos crímenes, la Comisaría General de Policía Judicial creó en 2004 un grupo especial para investigar exclusivamente asesinatos aún no esclarecidos.

La unidad, compuesta por 20 inspectores experimentados en homicidios y en la resolución de desapariciones con crímenes de por medio, posee competencias en todo el territorio nacional para reabrir antiguos expedientes ya olvidados. «Nunca es tarde para detener a un asesino», dijo en su momento el comisario jefe Ángel Luis Galán, «siempre se encuentra una nueva pista de la que poder tirar».

Todos estos miembros conocen lo difícil de su cometido, pero como bien comentaba el jefe de la unidad, el inspector Ricardo Sánchez, «es en estos casos donde el buen investigador demuestra que realmente sirve». Y casos no les faltarán para comprobarlo. Ahí está, por ejemplo, falto de luz, la explosión de dos bombas en Vigo y Redondela el 5 de noviembre de 2002 que acabó con la vida del matrimonio formado por Rosario Gil y Vicente Lemos. También les esperan unos cuantos cadáveres hallados en el interior de diversos pozos murcianos desde 2005. ¿Asesino en serie, muertes inconexas? No hay pistas.

Al ser un problema global, otros países también han adoptado medidas propias para rebajar sus propias listas de casos sin resolver. Una de las más curiosas llega desde Estados Unidos, donde un grupo especial de la policía de Florida reparte, entre diversas cárceles, barajas de cartas con las caras impresas de víctimas de asesinatos, desaparecidos y crímenes sin resolver. La idea surgió tras ver cómo en Irak se editaban barajas con las efigies de los personajes más relevantes del gobierno de Sadam Hussein.

En esta ocasión, la iniciativa pasa porque algún recluso reconozca uno de estos rostros y aporte pistas sobre la persona en particular. Concretamente son 104 las caras impresas, acompañadas por datos significativos y un número de teléfono al que llamar. «Usar estos naipes es como entrevistar a cerca de 93 000 criminales», comenta James McDonough, secretario del Depar-

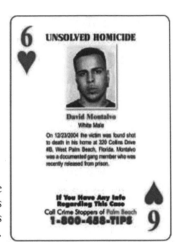

Cartas distribuidas entre las prisiones de Estados Unidos con la cara de víctimas de delitos no resueltos.

tamento de Prisiones de Florida, aunque también reconoce que no es fácil que un preso quebrante «el código de silencio que impera en las prisiones».

Quizá algo semejante podría efectuarse en nuestro país, quién sabe. Sería un buen modo para rescatar casos del pasado, como el ocurrido el 22 de julio de 1975 en el cortijo que dio nombre al asunto: Los Galindos.

Era este un cortijo situado cerca del pueblo sevillano de Paradas. El día citado, uno de los trabajadores llamado Antonio Fenet divisó hacia las 16.30 una humareda que se levantaba a lo lejos, entre los tejados de la hacienda.

Al acercarse con varios compañeros, se encontró con un reguero de sangre que salía por debajo de la puerta cerrada de la casa del capataz, Manuel Zapata, desaparecido en esas horas. Alertadas las autoridades, un cabo de la Guardia Civil del cuartelillo más cercano se acercó a la finca, acompañado de dos guardias municipales. Mientras, los trabajadores sofocaban el fuego.

Al registrar el cortijo, se encontró un nuevo reguero de sangre casi seca que se dirigía también hacia la casa del capataz, como si alguien se hubiera arrastrado hacia su interior. El cabo ordenó romper el cerrojo de la puerta y ante ellos apareció el cadáver de Juana Martín, mujer de Manuel Zapata, presuntamente asesinada a golpes con una pieza de hierro conocida como el *pajarito*.

No fue el único cuerpo sin vida en localizarse durante esa jornada. Entre las balas de paja incendiadas se hallaron los restos calcinados del tractorista José González, y en un camino cercano, los de su compañero Ramón Parrilla. Un poco después saldrían a la luz los de la mujer de González, Asunción Peralta, en lo alto del almiar y con un fuerte golpe en la cabeza. Asunción había sido recogida en coche por su marido una hora antes de divisarse el fuego, lo que indicaba que todo debió transcurrir entre las 15.30 y las 16.30 de ese 22 de julio.

Los primeros registros efectuados descartaron el móvil del robo, al no faltar nada de valor en las dependencias. Las sospechas recayeron en el capataz. Todo parecía encajar, quizá se tratase de un crimen pasional o de una venganza laboral.

Del caso se encargó el juez de Écija Andrés Márquez Aranda, quien pronto percibiría el tremendo rompecabezas en el que ya estaba convirtiéndose el asunto de Los Galindos.

El juez, acompañado por el fiscal Manuel Villén Navajas, acudió a la hacienda al día siguiente, descartando al capataz como principal sospechoso. Según la reconstrucción de los hechos efectuada sobre el terreno, el tractorista Ramón Parrilla fue tiroteado cuando dejaba el tractor en la sala de máquinas. Herido de gravedad en los brazos al intentar protegerse de los disparos, corrió hacia la casa del capataz para pedir auxilio. Este dato ya descartaba de por sí a Manuel Zapata, puesto que, ¿quién corre a la casa de su asesino para refugiarse?

Al encontrar la puerta cerrada, intentó huir en dirección al campo, y fue rematado en el camino de salida.

Tal conjetura se vio corroborada cuando a las 11.00 del viernes 25 apareció el cadáver del capataz bajo un montón de paja y en avanzado estado de descomposición. Los agentes, que registraron la hacienda tan solo tres días antes, afirmaron tímidamente haber inspeccionado ese punto durante el registro, sin encontrar nada en él.

El estado en el que se encontraba el cuerpo indicaba que, efectivamente, debió de haber muerto el mismo día que el resto, pero de ser cierto lo asegurado por los policías ¿dónde se guardó su cuerpo hasta ser colocado en ese punto? ¿Por qué se trasladó el cuerpo? Y lo más importante, ¿quién lo hizo? Sobre estas cuestiones también hubo divergencia de opiniones, con un fiscal que defendía la teoría de que el cadáver fue trasladado, en contra de la opinión del juez y del médico forense.

El asunto de Los Galindos ha propiciado libros y folletines, cada cual con una teoría más inverosímil. En su momento se habló de un grupo de nueve legionarios que habían dormido en el cortijo camino al desfile de la victoria en Madrid, dejando olvidado un paquete de droga en el lugar. Al regresar del desfile intentaron recuperar el paquete, iniciándose una acalorada disputa en la que las armas cobraron el protagonismo. Una teoría que se desechó cuando se demostró que los legionarios citados estaban en Ceuta y Barcelona durante el día de los hechos.

También se mencionó la posibilidad de que en el cortijo se llevara a cabo una doble contabilidad o que este se empleara para algo más que para labores agrícolas, pero tampoco nada de ello pudo probarse.

Y quizá la sospecha que más fuerza generó en los últimos estertores de la investigación tuvo como centro al agricultor Antonio Fenet, la primera persona en observar el fuego desde los campos de labranza. La pregunta que los investigadores policiales intentaban dilucidar era: ¿qué venía de hacer Fenet cuando alertó del incendio? Él fue la primera persona en llegar al cortijo con algunos minutos de diferencia y, por si esto fuera poco, Fenet jamás consiguió aclarar la procedencia del medio millón de pesetas —cantidad abultada para la época— que alguien le ingresó en su cuenta bancaria pocos días después de los asesinatos.

Los Galindos es un perfecto ejemplo de crimen sin resolver por falta de móvil, que quizá hoy hubiera podido esclarecerse con las modernas técnicas de investigación policial, ya que en esa época apenas se tenían en cuenta procedimientos como el ADN, del que hablamos profusamente en el capítulo quinto.

De hecho, es ahora cuando se está exprimiendo todo su potencial, poniendo en funcionamiento bases de ADN como el anunciado por el Gobierno español hace dos años y que almacenará los datos de 45 000 sospechosos. Según la policía científica servirá para encontrar respuesta a unos 5 000 casos sin resolver solo el primer año. Por supuesto, este banco puede intercambiar datos con los guardados en otros 26 países miembros de la Unión Europea.

Las bases de datos de identificación genética se ubican en un ordenador que permite cotejar automáticamente y a gran velocidad los llamados «perfiles de ADN», secuencias de números y letras que identifican los fragmentos de ADN. No se trata más que de asignar a cada eslabón de la doble hélice, o unión entre nucleótidos, un número concreto hasta formar una sucesión de dígitos, único en cada persona.

La idea de estos bancos de datos no es nada nuevo. Algunas agencias de investigación, como el FBI, ya poseen desde hace un tiempo uno propio y la legislación internacional da libertad para que cada país que lo desee cree el suyo propio, o bien lo comparta con otras naciones, como es el caso del manejado por la Interpol.

Pero no todo es tan fácil. Hoy nadie pone en duda la efectividad de estos bancos, pero sí la forma en la que deben organizarse. Lo que se quiere es alcanzar el equilibrio entre intimidad y publicidad, sencillez y efectividad, rapidez y capacidad… Y no es fácil lograrlo.

Para empezar, hay que decidir qué tipo de personas serán incluidas en estas bases. ¿Las que poseen antecedentes penales? ¿Las mayores de 18 años? ¿Las que arrastran delitos de sangre? ¿Todas? Y lo mismo sucede a la hora de abordar qué delitos serán los incluidos, ¿los mayores, los menores? ¿Los asesinatos y las violaciones? ¿O también los robos y las agresiones violentas? Además, ¿cuánto tiempo permanecerán esos datos en la base de datos? Y lo más importante, ¿en qué casos serán utilizados?

Por si esto fuera poco, no hay que pasar por alto que uno de los grandes problemas de las bases de datos es la posibilidad y la facilidad de falsificar una escena del crimen, depositando, por ejemplo, el cabello de un inocente en el escenario de un asesinato o manipulando los datos de esa base para adecuarlos a la investigación.

¿Creen que algo así no puede suceder? Obviamente, sí. Y pongo un ejemplo.

En agosto de 1980 el matrimonio australiano formado por Lindy y Michael Chamberlain denunció la desaparición de su bebé de dos meses llamada Azaria. La mujer relató, en medio de un ataque de histeria, cómo un dingo —perro salvaje— había penetrado en la tienda donde dormía Azaria con sus otros dos hermanos y se la había llevado consigo mientras ella preparaba la cena.

La policía acudió rápidamente al lugar, cerca de la montaña sagrada de Ulruru y encontró un charco de sangre en el interior de la tienda, pero nada más. Inmediatamente comenzaron las sospechas. ¿Cómo era posible que un perro se llevara a un bebé de 4,5 kilos entre sus colmillos? Además, ¿cuándo se había visto que un dingo raptase a seres humanos?

A la semana de iniciarse la investigación, un turista recogió el pijama y la camiseta de Azaria en una guarida de dingos cerca de Ulruru. Parecía que la madre decía la verdad, pero la policía siguió sin creerlo. Y tanta fue su certeza que ni siquiera selló la nueva escena para impedir posibles contaminaciones. Bastaba el hallazgo de las prendas.

En febrero de 1981 la policía acusó formalmente al matrimonio de asesinato, ante lo que el juez de instrucción mostró su disconformidad por la forma tan chapucera con la que se había desarrollado la investigación. Su veredicto fue que la niña desapareció por el rapto de un dingo, dejando a los acusados en libertad sin cargos.

Pero los policías encargados de la investigación no estaban dispuestos a quedarse con los brazos cruzados. Se les había acusado de negligencia y decidieron proseguir con el acoso al matrimonio Chamberlain. Siete meses después de los sucesos obtuvieron una orden judicial para registrar el hogar familiar. Entre los objetos que se llevaron estaban las prendas de Azaria, las cuales revelaron, en un segundo examen, la impresión de una mano de mujer realizada en sangre. Aún habría más. En el interior del coche familiar se localizaron unas tijeras que pronto se convertirían en el arma del crimen.

Sería así porque durante el segundo juicio al que se les sometió, una bióloga forense aseguró haber encontrado en esas tijeras sangre de bebé, mientras que otro experto afirmó que las roturas en las prendas localizadas por aquel turista en la guarida de dingos parecían punzadas de tijeras.

El jurado popular no tuvo en cuenta los testimonios que describían a Lindy como una madre ejemplar, ni que no se encontrara un móvil para el presunto asesinato. La declaró culpable, y fue sentenciada por el juez a cadena perpetua.

Y en la cárcel estuvo hasta que en 1986 se encontró la chaqueta de la niña medio enterrada en Ulruru. La nueva prueba, más las sospechas de falta de imparcialidad en el juicio, motivaron la puesta en libertad de Lindy gracias a la actuación de una comisión real que arremetió contra la policía, acusándola de actuar con prejuicios, de ocultar la información experta no acorde con la fiscalía, de descuidar la custodia de pruebas y de haber realizado un trabajo forense deficiente.

Regresando al tema de las bases de datos, otro paso más en su desarrollo es la confección de un listado con todos los desaparecidos españoles, y que desde junio de 2009 puede ser cotejado con el mencionado banco de

ADN para, nuevamente, «resolver muchos casos pendientes», en palabras del propio ministro de Interior, Alfredo Pérez Rubalcaba.

Sin embargo, habrá una salvedad en el caso de España ya que, al existir muestras de ADN únicamente desde 1991, casi todos los crímenes anteriores a esa fecha continuarán sin ser esclarecidos.

No es un problema exclusivamente nuestro, en otros países ocurre algo semejante. Ese retardo en la recogida y análisis de ADN ha impedido la resolución de crímenes considerados hoy clásicos y que, de otra forma, se hubieran cerrado sin mayor complicación.

Quizá el más asombroso y famoso de todos ellos sea el que tuvo por protagonista al doctor Samuel Sheppard. Poca gente lo sabe, pero el suyo fue el episodio real en el que se inspiró la serie y la posterior adaptación cinematográfica de *El fugitivo* (Andrew Davis, 1993), con Richard Kimble como protagonista.

Todo sucedió en la madrugada del 3 al 4 de julio de 1954. El doctor Sheppard duerme en el sofá de la planta baja mientras su mujer descansa en el dormitorio superior. Han tenido una cena con sus vecinos. De pronto, el doctor se despierta alertado por los gritos de la mujer, y cuando sube a ayudarle la ve forcejeando con «algo o alguien». Acto seguido se desmaya al ser golpeado por detrás. Cuando recobra el conocimiento ella yace muerta. Después escucha unos ruidos en la planta baja y persigue a un hombre corpulento por el campo hasta darle alcance. En el forcejeo vuelve a perder el sentido.

Ante tales hechos, la policía no tarda en declararle principal sospechoso. Sin embargo, no se tienen en cuenta

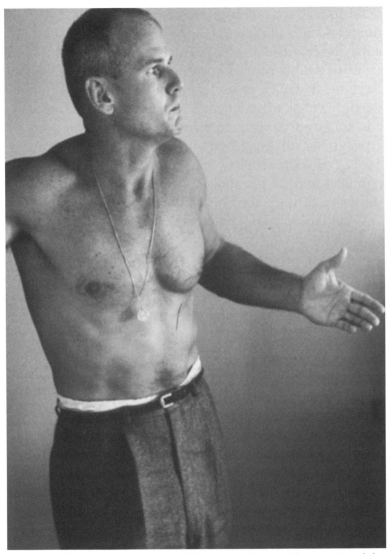

Samuel Sheppard, cuya increíble historia inspiró la creación del
personaje Richard Kimble, héroe de *El fugitivo*.
Foto tomada en prisión.

diversas circunstancias extrañas, como el hecho de que la puerta de la casa aparezca forzada, y algo más importante aún, una mancha de sangre en las escaleras que años más tarde se demostró que no pertenecía a nadie de la casa. Aun así, el doctor es declarado culpable de asesinato en segundo grado y condenado a cadena perpetua.

Cuando llevaba diez años en la cárcel, Sheppard consigue la celebración de un nuevo juicio en el que se aportan nuevas pruebas, y la trama se complica aún más con acusaciones probadas de infidelidad hacia él de su mujer ya difunta. Pero lo consigue, el jurado le declara «no culpable» y Sheppard sale inmediatamente de prisión.

Lo que persisten son las dudas. ¿Con quién forcejeó el doctor en dos ocasiones? ¿De quién era la sangre hallada en la escalera? ¿Por qué el asesino solo mató a la mujer y no al doctor cuando este se encontraba ya inconsciente? Y más curioso aún, ¿por qué no se despertó el hijo de la pareja que dormía en la habitación contigua a la de su madre, si realmente se levantó tanto escándalo aquella noche?

Una muerte sin sentido

Hasta aquí algunos ejemplos de crímenes sin resolver. Aún faltarían un buen puñado de ellos, como el caso de la Dalia Negra en el Hollywood de los años 30 o los asesinatos cometidos por Zodiac, el asesino en serie que sembró el pánico en la costa Oeste norteamericana durante las décadas de los 60 y 70 y cuya identidad nunca pudo ser descifrada.

¿También estos delincuentes intentaron que sus crímenes quedaran impunes o les ayudó el azar de una forma caprichosa? Quizá una mezcla de ambas.

En cierta película, de la que no daré más señas para no incitar al delito, el protagonista da dos claves a un amigo suyo para alcanzar ese crimen perfecto. Una, matar a alguien desconocido. Y dos, que no haya ningún tipo de móvil en el crimen.

Lo primero es fácil de conseguir, lo segundo, no tanto, ya que el móvil siempre estará presente. Nadie mata a otro porque sí. Aunque se haga por mero aburrimiento, siempre habrá un móvil. Otra cosa es que la policía se pierda indagando entre los móviles más comunes, pero nunca hay ausencia del mismo.

Al margen de estas dos premisas, existen otros muchos detalles que habría que seguir a rajatabla, como procurar no dejar huellas, que nadie nos vea, no comentar jamás lo ocurrido, continuar con nuestra vida cotidiana sin alterarla, no interesarnos demasiado por las noticias sobre el hecho… Y cumplir todo esto no es nada sencillo.

Aunque, quién sabe, quizá la clave del éxito resida en la sencillez. En una sencillez tan estremecedora como la que impregnó la muerte de Julia Wallace el 20 de enero de 1931.

El día anterior, su marido, William Herbert Wallace, había recibido un llamada altamente misteriosa en su club de ajedrez, de un tal R. M. Qualtrough. Eran poco más de las 19.30, y al no estar en ese instante el señor Wallace presente, le dejó una nota citándole para verse al día siguiente en el 25 de la calle Menlove Gardens East por un asunto de negocios.

La sorpresa del señor Wallace fue mayúscula cuando comprobó que no había ningún lugar con esa dirección, aunque sí una avenida Menlove, por lo que intentó buscar la citada calle en la hora convenida. Sin embargo, ninguno de los transeúntes a los que preguntó en la avenida supieron decirle nada sobre Menlove Gardens East, y regresó a su casa de vacío.

Hacia las 20.45 de esa jornada, el matrimonio Johnston, sus vecinos, le sorprenden merodeando por la parte externa de su propia casa. Ante sus preguntas él les responde que no puede entrar en el domicilio, pero cuando vuelve a insertar la llave delante de ellos, la puerta se abre sin problema. Wallace entra solo en la vivienda, y cuando los Johnston ya se están marchando, vuelve a salir gritándoles: «Vengan. Han matado a mi mujer».

La escena es sobrecogedora. La esposa yace tendida en el suelo, boca abajo, sobre uno de los impermeables del marido, manchado de sangre y parcialmente quemado. El cráneo aparece abierto e, inexplicablemente, todas las ventanas y puertas de la casa permanecen cerradas y sin signos de violencia.

Cuando llega la policía se descubre que falta el atizador y, según el marido, cuatro libras esterlinas de la caja donde guardaban el dinero en efectivo. Dato que nunca pudo ser confirmado, ya que se basaba únicamente en su palabra.

Scotland Yard se enfrenta a un asesinato complejo. No hay rastros de violación, ni robo en la vivienda, ni signos de lucha o forcejeo de ventanas. La señora Wallace no tiene enemigos conocidos y la vida matrimonial parecía funcionar correctamente.

Enseguida se sospecha del marido. Quizá fuese él quien se llamó para citarse a sí mismo al club de ajedrez. Pero los transeúntes a los que preguntó por la misteriosa dirección lo sitúan en ese lugar durante el asesinato. Y por si fuera poco, el encargado del club que recogió la llamada afirmó que no era la voz del señor Wallace.

Aun así, el sospechoso se convierte en acusado, y es detenido el 2 de febrero de 1931. En el juicio que se celebra posteriormente se advierte que cada prueba presentada por el fiscal posee una consistente réplica por parte del abogado defensor, lo que lleva al juicio a un punto muerto en el que los jueces no tienen más remedio que dictaminar «acusación no probada con certeza necesaria». O lo que es lo mismo, no se declaraba al señor Wallace inocente, pero tampoco culpable, por no existir pruebas concluyentes. Solo una sospecha persistente. Y como nadie puede ser condenado mediante sospechas, el señor Wallace quedó libre, aunque estigmatizado socialmente de por vida.

Y es que como Sherlock Holmes solía comentar al doctor Watson: «El más vulgar de los crímenes es, con frecuencia, el más misterioso, porque no ofrece rasgos especiales de los que puedan extraerse deducciones».

¿CRÍMENES PERFECTOS EN EL CINE?

Si se piensa detenidamente, toda película policíaca parte de un argumento basado en la búsqueda del crimen perfecto, ya que el trasfondo de la historia siempre representa la lucha entre quienes desean esclarecer el delito y los que luchan para que la verdad jamás salga a la luz. Cada director añadirá después sus variantes, pero esta lucha permanecerá omnipresente.

Y quizá nadie haya relatado mejor este enfrentamiento que el maestro del suspense, Alfred Hitchcock, con películas como *39 escalones* (1935) o *Psicosis* (1960). Historias que aún hoy mantienen su frescura, superando en mucho a cualquier cinta policíaca que se filme en la actualidad.

El director británico era un gran seguidor de las historias detectivescas, de las que extraía los argumentos que después desarrollaría en la gran pantalla, con preferencia por dos temáticas: la persecución de alguien inocente al que todos consideran culpable de un asesinato y la búsqueda del crimen perfecto.

Sobre la primera, quizá las cintas más famosas sean las de *El hombre que sabía demasiado* (1934 y 1956) y *Con la muerte en los talones* (1959). Pero por el tema que nos ocupa, son las de la segunda temática las más interesantes.

En *La soga* (1948), el gran James Stewart se enfrenta a dos jóvenes, alumnos suyos de criminología, que han asesinado, sin que él lo sepa, a un tercer compañero para demostrarle cómo es posible lograr ese crimen perfecto. Mediante la deducción, Stewart irá desentrañando poco a poco el gran secreto de sus díscolos discípulos.

También *Extraños en un tren* (1951) mantiene una premisa similar, con dos desconocidos que se encuentran durante un trayecto en ferrocarril y que pactan asesinar cada uno a la persona que el otro le indique. De esa forma se consiguen las dos premisas ya apuntadas: matar a un desconocido y sin un móvil aparente.

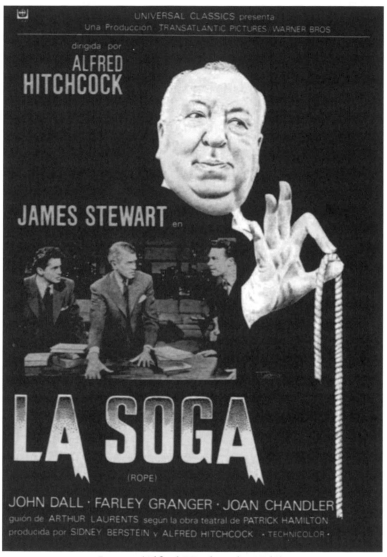

La soga (Alfred Hitchcock, 1948).

Sin embargo, es *Crimen perfecto* (1954) la que explora sin tapujos esta premisa. Una obra considerada como menor dentro de la filmografía del inglés, pero una delicia para los amantes del género.

La gran genialidad de Hitchcock fue demostrar en todas estas cintas cómo el día a día, el descuido, la casualidad, lo impensable, lo incontrolable, acaba posibilitando que la verdad salga a flote, desmontando en un solo instante el arduo y pensadísimo plan que el delincuente ideó para quedar impune de sus fechorías.

Entre las series, la que más directamente aborda el tema es *Caso abierto,* cuyos protagonistas tienen, a priori, la difícil tarea de resolver crímenes que nunca fueron bien resueltos, aunque como luego se verá, realmente no eran tan difíciles de resolver.

Epílogo

Cuando escribo estas líneas dos hechos estremecen a la sociedad española. En primer lugar, el hallazgo del cadáver de la joven de 19 años Laura Alonso en la localidad orensana de Toén y la posterior confesión del crimen por parte de su ex novio, Javier Cruz. Y en segundo, el rescate en California de Jaycee Lee Dugard, tras un cautiverio de 18 años durante el cual su captor, Phillip Garrido, la violó repetidamente.

Dos episodios distanciados en el espacio, pero demostrativos de cómo el horror continúa estando presente en este mundo. Y es que, aunque ojalá no fuese así, la violencia ha permanecido intrínseca al ser humano desde su mismo origen.

Sin embargo, una pregunta late en el aire constantemente. ¿Por qué algunas personas derrochan violencia mientras otras solo destilan humanidad? ¿Qué es lo que convierte a un individuo en asesino o en violador y a otro en un santo o en un trabajador y padre de familia modélico?

Dos caras de una misma moneda que deben llevarnos a pensar que un mundo mejor es posible, un mundo en el que la criminalidad vaya reduciéndose exponencialmente hasta casi desaparecer. Serán muchos quienes aseguren que esto es imposible, que la violencia se encuentra tan arraigada en nosotros que ya no podemos desprendernos de ella, que forma parte de nuestra naturaleza misma matarnos entre sí.

Para quienes piensen de esta forma, les propongo un pequeño experimento. Cierren los ojos, visualicen a sus amigos, vecinos, compañeros de trabajo, familiares… a toda aquella persona con la que compartan algún momento de su vida de forma más o menos asidua. Y ahora díganme, ¿a cuántas de ellas usted las definiría como malas personas? No hablo de que no se entienda con ellas, o de que haya tenido alguna pelea o malentendido. Hablo de su corazón. ¿A cuántas calificaría como malas personas? ¿Una? ¿Quizá dos? Si dice más de tres yo le aconsejo que cambie de ambiente porque está duplicando o triplicando la media.

Lo que quiero decir es que hay posibilidad de cambio. El ser humano no es malo por naturaleza y todos deseamos vivir en paz y armonía, progresar como personas. Quizá no lleguemos jamás a erradicar la violencia totalmente, porque fenómenos como el de los psicópatas son difíciles de solventar, pero sí podemos bajar la criminalidad a límites hasta ahora inéditos.

Realidades como la del narcotráfico, las bandas callejeras, la trata de blancas… pueden ser eliminadas porque no siempre estuvieron presentes en la humanidad, no al menos con la virulencia alcanzada en los últimos años.

¿Por qué los asesinatos apenas representan el 0,5 % de los delitos cometidos en Japón durante un año, mientras que en Ciudad Juárez se producen más de mil muertes violentas al año? ¿Qué es lo que motiva que una sociedad apenas sepa lo que es un asesinato y otra esté saturada de ellos? Eso es lo que debemos averiguar.

Y mientras tanto, seguirá siendo cometido de la policía velar por la seguridad de los ciudadanos. Con métodos de investigación innovadores que se adapten a los nuevos tiempos y a los modernos métodos de criminalidad. Ya está sucediendo.

En este libro hemos hablado de las técnicas de investigación forense más comunes, las mayormente empleadas, como la dactiloscopia o la identificación por ADN, pero hay otras muchas que comienzan una andadura altamente prometedora. El envejecimiento facial a través del ordenador, la acústica forense, los otogramas... mctodologías relativamente recientes que llenarán páginas en los periódicos del futuro, de esos que dicen los expertos leeremos muy pronto en pantallas táctiles.

Aun así, no debemos permitir que la tecnología nos desborde. Debemos recordar que detrás de una pantalla de ordenador siempre hay una persona, que siempre es una persona la que sujeta un bastoncillo de algodón en la escena del crimen, la que extrae las larvas para cultivarlas en su laboratorio, la que practica una autopsia, la que estudia los huesos buscando marcas... Y, claro, es esta persona, no la máquina, quien ha decidido prestar su experiencia y conocimientos al servicio de la justicia y de la sociedad. En ocasiones, incluso, poniendo en riesgo su salud emocional.

Y quizá en este pensamiento resida la clave de las preguntas formuladas al comienzo, porque solo si consideramos a nuestros semejantes como personas lograremos una sociedad más justa y pacífica.

Espero que los maravillosos avances de este mundo no nos lleven a olvidarnos de ello.

BIBLIOGRAFÍA

American Psychiatric Association. *Diagnostic and Statistical Manual of Mental Disorders III*. Washington, 1988.

Beavan, Colin. *Huellas dactilares*. Barcelona: Alba Editorial, 2003.

Berbell, Carlos; Ortega, Salvador. *Psicópatas criminales*. Madrid: La esfera de los libros, 2003.

Cornwell, Patricia. *Retrato de un asesino*. Madrid: Ediciones B, 2003.

Cullen, Tom. *Otoño de terror*. Barcelona: Círculo de Lectores, 1972.

Donis, Marisol. *Envenenadoras*. Madrid: La esfera de los libros, 2002.

Etxebarría, Francisco. *Manuel de Medicina Legal y Forense*. Valencia: Tirant lo Blanch, 2000.

García-Andrade, José Antonio. *De la estirpe de Caín*. Madrid: Temas de hoy, 2004.

---. *Crímenes, mentiras y confidencias*. Madrid: Temas de hoy, 2002.

Garrido, Vicente. *La mente criminal*. Madrid: Temas de hoy, 2007.

---. *Contra la violencia*. Barcelona: Algar Editorial, 2002.

---. *Amores que matan. Acoso y violencia contra las mujeres*. Barcelona: Algar Editorial, 2001.

---. *El psicópata*. Barcelona: Algar Editorial, 2000.

Godwin, Maurice. *El rastreador*. Barcelona: Alba Editorial, 2006.

Lee, Goff. *El testimonio de las moscas*. Barcelona: Alba Editorial, 2002.

Leeson, B. *The memoirs of an East End detective*. Londres: Stanley Paul & Co., 1900.

Leyton, Elliott. *Cazadores de humanos*. Barcelona: Alba Editorial, 2005.

López, José María. *Crónica negra del siglo XX*. Madrid: LIBSA, 2003.

Lorente, José Antonio. *Un detective llamado ADN*. Madrid: Temas de hoy, 2004.

Macnachten, Melville. *Days of my years*. Londres: Edward Arnold, 1914.

Marlasca, Manuel; Rendueles, Luis. *Así son, así matan*. Madrid: Temas de hoy, 2002.

---. *Mujeres letales*. Madrid: Temas de hoy, 2004.

Martínez, Fernando. *Crímenes sin castigo*. Madrid: Temas de hoy, 2002.

Maurois, André. *Historia de Inglaterra*. Barcelona: Círculo de lectores, 1970.

Palacios, Jesús. *La fábrica de los sueños*. Madrid: Espasa Calpe, 2003.

Platt, Richard. *En la escena del crimen*. Londres: Pearson Alhambra, 2003.

Pesce, Andrea. *Asesinos seriales*. Barcelona: Círculo Latino, 2003.

Ramos, Carlos. *Grafología, sexualidad y pareja*. Madrid: Ediciones Xandró, 2001.

Redondo, Santiago; Stanheland, Per; Garrido, Vicente. *Principios de Criminología.* Valencia: Tirant lo Blanch, 2001.

Ressler, Robert. *Asesinos en serie.* Barcelona: Ariel, 2005.

---. *Dentro del monstruo.* Barcelona: Alba Editorial, 2005.

Tahoces, Clara. *Grafología.* Barcelona: Libros Cúpula, 2005.

Thomson, Basil. *La historia de Scotland Yard.* Madrid: Espasa Calpe, 1937.

Truffaut, François. *El cine según Hitchcock.* Madrid: Alianza Editorial, 1998.